食育与健康生活

总主编　欧　健　邓晓鹏
本册主编　刘　铁　张宇昊

西南师范大学出版社
国家一级出版社　全国百佳图书出版单位

图书在版编目（CIP）数据

食育与健康生活 / 刘铁，张宇昊主编. -- 重庆：西南师范大学出版社, 2021.5
ISBN 978-7-5697-0765-6

Ⅰ. ①食… Ⅱ. ①刘… ②张… Ⅲ. ①营养卫生 – 健康教育 – 高中 – 教材 Ⅳ. ①G637.9

中国版本图书馆 CIP 数据核字 (2021) 第 038465 号

食育与健康生活
SHIYU YU JIANKANG SHENGHUO

本 册 主 编： 刘　铁　张宇昊
本册副主编： 罗　键　林艳华　杨　宇

责任编辑： 雷希露
责任校对： 符华婷
装帧设计： 熊　熊
绘　　图： 童梦插画设计工作室
排　　版： 张　艳
出版发行： 西南师范大学出版社
地址：重庆市北碚区天生路2号
邮编：400715
印　　刷： 重庆长虹印务有限公司
幅面尺寸： 185 mm × 260 mm
印　　张： 7
字　　数： 180千字
版　　次： 2021年5月　第1版
印　　次： 2021年5月　第1次印刷
书　　号： ISBN 978-7-5697-0765-6
定　　价： 17.50元

序

新高考改革，出发点就是让学生拥有自主选择、自我负责的学习权。此种导向要求中学进行育人方式的变革，为学生开设生涯教育的课程，给予学生人生规划的指导，引导学生认知自己，明确自己的兴趣、性格、优势、价值取向，让学生以此为基础认识外界，更好地为自己设立生涯目标，并根据已拥有的资源规划实现目标。“遇见最美的自己”——基于综合实践活动的生涯教育系列教材，正是西南大学附属中学先于国家政策试点，通过不懈的实践探索，收获的基于综合实践活动推进生涯教育的特色研究成果。

如何通过生涯规划课程的学习引导学生学会自主选择，这一重要议题为我国教育改革与发展开拓了一个新的领域。“遇见最美的自己”——基于综合实践活动的生涯教育系列教材，从实践的角度架构了基于综合实践活动的生涯教育的基本框架，为服务于学生生成发展的育人模式的构建、学校教育品质的提升和学校实践改革的推进提供了重要启示，研究具有开拓意义。

第一，该套教材的目标定位和内容选择，是以“助学生找到人生方向”为根本宗旨，贯穿初高中，培养个体人生规划意识与技能，指导学生学会学习、学会选择，在充分认识自我和理解社会的基础上，平衡个人发展和社会发展的需求，初步设计合理的人生发展路径，促进个体生涯发展活动，提升生涯素养。

第二，教材的设计与安排，坚守“学生是学习与发展的主体”这一根本理念，不仅初高中分阶段相互衔接，还进行了一体化设计，更重要的是通过活动为学生搭建主动选择的平台，以研究性学习、社区服务、社会实践、研学旅行、设计制作、职业体验等综合实践活动为载体，引导学生在活动中明确人生奋斗目标并激发生涯学习动力，而不是简单地为学生提供品类繁多的“超市商品”让学生选择。

第三，学校还开发了《传统武术奠基康勇人生》《食育与健康生活》《生物实践与创意生活》《数学视角看生活经济》《水科技与可持续发展》《乡土地理和家国情怀》等配套教材，结合校内外的学习实践和生活实践，将基于综合实践活动的生涯教育理论渗透到学科课程中，为学生生涯发展提供重要教育平台和资源，弥补学生社会经历缺乏、生活经验不足、实践体验机会太少等生涯教育短板，促进生涯教育过程性和动态性发展。主体教材和辅助教材相辅相助，将生涯教育和综合实践活动有效融合，让学生在沉浸式的体验中感知自己、认知职业、畅想未来。

第四，教材贴近学生，语言平实生动，联系初高中生活学习实际，通俗易懂；图文并茂，既有趣味的活动设计，又有学生实践的光影记录，观之可亲。学生可从课堂内的探索活动、课堂外的校本实践中深刻体验生涯力量，还可在教师的引导下从活动链接中习得生涯领域的重要概念及理论，为未来的生涯发展做好积累。

总体而言，整套教材以综合实践活动为基础，融入学科课程和劳动教育，以提升学生生涯规划能力为目的，不断强化适合生涯发展的认知能力、合作能力、创新能力、职业能力，力图帮助学生适应并服务于社会，获得终身学习、终身幸福的能力。

教书育人在细微处，学生成长在实践中。本套教材的出版，将丰富生涯教育的承载形式，为中小学开展并落实基于综合实践活动的生涯教育提供可借鉴的案例，有效加强中学生生涯教育，促进学生全面发展、终身发展和个性发展。希望广大学生也可以像西大附中学生一样“在最适合的时候遇到最美的自己 ”，希望更多的学校像西大附中一样 “为学生一生的生涯幸福奠基，让他们成长为自己满意的样子 ”。

裴娣娜

（裴娣娜：北京师范大学资深教授，博士生导师，当代教育名家，中国课程与教学论领军人物，全国教学论专业委员会主任）

丛书叙言

寒来暑往，西南大学附属中学在生涯教育这片热土上已躬耕二十余年。多年实践让我们相信，学校的课程、活动、校本教材都应回到问题的原点：什么是教育？

教育，是将自然人培养成社会人的过程，是帮助每一个孩子认识自己、发现自己，让他既能成长为自己心中最美的样子，又能符合国家、社会对人才的需求。

因此，我们希望实现这样一种生涯教育：让学生有智慧地参与综合实践活动，从活动中生发智慧；让学生有德性地参与综合实践活动，在活动中完善德性；让学生带着对美的追求参与到活动中，在活动中提升创造美的能力。一个拥有智慧与德性、能够欣赏美创造美的个体，定然能够在瞬息万变的世界里立定脚跟，也能够在喧喧嚷嚷中细心呵护一枝蔷薇。

秉持这样的理念，我们编写了“遇见最美的自己”——基于综合实践活动的生涯教育系列教材，着力帮助学生更好地适应未来不同阶段的身份、角色。希望学习此书的孩子们，不必因为不懂自己、不明环境、不会选择而错失遇见最美自己的机会。请打开这些书，热情地投入到探索活动中，感知自己的心跳起伏，喜恶悲欣；细细品读每个生涯故事，观察他人的生活，触碰更多可能；更要在校本实践中交流碰撞，磨砺成长……这些书将是孩子们生涯成长路上的小伙伴，陪在身旁，给予力量。希望大家从此学会学习，学会选择，学会生活。

基于综合实践活动的生涯教育是为幸福人生奠基的教育。我相信，当每一个个体恰如其分地成长为自己所喜欢的样子，拥有人生幸福的能力，就同样能为他人带来幸福，为社会创造福祉，为国家幸福而不断奋斗！

欧健

（欧健：教育博士，正高级教师，西南大学附属中学校长）

《食育与健康生活》序

青少年处于培养良好饮食习惯和生活习惯的关键期，也处于树立终身健康理念的最佳时段。食育能够帮助和引导中小学生养成良好的饮食习惯，认识与理解自然，维护食品安全，提升生活技能，选择良好生活方式，健全社会人格，塑造正确的消费观、价值观和人生观以及激发爱国热情和增强文化向心力。

西南大学附属中学从2016年就开设《舌尖上的科学》选修课，并于2019年建成重庆市第一个中学食品快速检测实验室，开展学生食育教育，既有创意又有创新，令人颇感欣慰。这是对我国中学阶段开展食育教育的尝试与探索，是培养德、智、体、美、劳全面发展的社会主义接班人途径的有益拓展。现在我国对中小学生食育教育的探索较少，缺乏系统性设计和完善的实施体系。西南大学附属中学将食育有机融入学生认知教育、实践教育和生涯教育，并组建教师团队编写《食育与健康生活》教材，有效弥补了中学食育教育的空白，为将食育教育纳入国民教育提供了很好的借鉴。

《食育与健康生活》教材从烘焙师、酿造师、营养师、食品检验员、茶艺师等职业角色出发，设计职业场景，让学生深度参与食材认识与选择、食物制作、食品安全检验、茶艺表演等职业模拟活动，进行职业体验，为中小学利用选修课开展生涯教育提供了新的思路。《食育与健康生活》坚持将食育与生产劳动、社会实践、科技创新有机结合，开展形式多样的实践活动，实现了兴趣驱动下学生综合实践的拓展，有效提升了学生的实践能力和创新精神。《食育与健康生活》从饮食民俗、饮食礼仪、食品文化等角度引导学生深入了解中华饮食文化，感受中华饮食文化的深厚底蕴，激发学生爱国热情，增强学生民族自豪感与文化向心力。

食育是源自生活的教育，是保障健康成长的教育，是推动人的全面发展的教育，是提升幸福指数的教育，是促进高质量生活的教育，是让人终身受益的教育。

有幸受邀为《食育与健康生活》作序，颇感荣幸，希望这本凝聚了西南大学附属中学众多老师心血的书能让祖国的花朵更加灿烂，使我国的中小学食育教育蓬勃发展，达到“以食树德、以食启智、以食健体、以食立美、以食育劳”的目标。

（赵国华：西南大学副校长，博士生导师，

教育部食品科学与工程类教学指导委员会委员）

目 录

第一章

食品加工

第一节 发酵食品 …… 03
第二节 手工酸奶、果酒、果醋的制作 09
第三节 腌制食品 …… 13
第四节 辣白菜的制作 …… 18
第五节 烘焙食品 …… 21

第二章

食品营养

第一节 营养学基础 …… 29
第二节 青少年饮食习惯调查活动 …… 37
第三节 营养食谱设计 …… 42
第四节 营养餐制作活动 …… 48

第三章

食品安全

第一节　我们身边的食品安全 ………… 55
第二节　食品添加剂 …………………… 60
第三节　食用油脂的安全 ……………… 66
第四节　果蔬中农药残留的检测 ……… 70
第五节　食物中亚硝酸盐的测定 ……… 74

第四章

饮食文化

第一节　饮食民俗 ……………………… 81
第二节　传统食礼 ……………………… 86
第三节　茶文化 ………………………… 91
第四节　家乡饮食文化的传承 ………… 96

后记 ……………………………… 100

第一章 食品加工

“民以食为天”，食品工业属于朝阳产业，与人们的生活密切相关。按照食物的加工方法可将食品分为发酵食品、腌制食品、焙烤食品、干制食品等，这些是我们一日三餐的常见食物，你知道它们背后蕴含怎样的科学知识吗？你知道具体的制作方法吗？让我们一同去了解它们，并扮演发酵师、酿造师、烘焙师等角色，动手制作美味的食物吧！

第一节
发酵食品

问题探讨

发酵是神奇的艺术。通过发酵，面团变身又松又软的面包，牛奶变身酸甜适口的酸奶，豆腐变身风味独特的腐乳，白菜变身辛辣脆爽的泡菜，葡萄变身醇香曼妙的葡萄酒……发酵将一种食物转变为另一种食物，丰富着我们的味蕾。对于发酵食品，你了解多少呢？

发酵是指人们利用微生物在有氧或无氧条件下的生命活动来制备微生物菌体、初级代谢产物或次级代谢产物的过程。酸奶、米酒、泡菜等便是通过发酵工艺制作的发酵食品。生活中常见的米酒是利用酵母菌在无氧条件下将葡萄糖转化为酒精而制得；酸奶是乳酸菌将牛奶中的葡萄糖转化为乳酸而制得。

生活中你经常食用发酵食品吗？你了解这些发酵食品的制作原理吗？

常见发酵食品
- 谷物发酵食品：馒头、面包、包子、发面饼、甜面酱、米醋、米酒等以谷物为原料的发酵制品
- 豆类发酵食品：豆瓣酱、酱油、豆豉、腐乳等以豆类为原料的发酵制品
- 乳类发酵食品：酸奶、奶酪等利用乳酸菌发酵的发酵制品

图1–1 常见发酵食品

一、发酵食品常用微生物

发酵食品微生物是经发酵过程制造食品时所利用的微生物，最常用的有酵母菌、乳酸菌、醋酸杆菌，以及霉菌中的毛霉、根霉、曲霉等。

1. 酵母菌

酵母菌属真菌，酵母细胞多为单细胞，形状规则，多为球形、卵圆形。酵母细胞的大小因培养基成分及菌龄的不同而异，一般是（8~10）×（1~5）μm。酵母菌是兼性

厌氧型生物，其细胞呼吸包括无氧呼吸和有氧呼吸两种。在无氧或缺氧条件下，酵母菌进行无氧呼吸产生酒精和少量二氧化碳；在有氧环境下，酵母菌进行有氧呼吸产生大量二氧化碳和水。因此，利用酵母的菌体或酵母的发酵作用能制造酒类、馒头、面包、单细胞蛋白等多种食品。

根据功能不同，酵母菌可分为酿酒酵母、发面酵母、饲料酵母等。

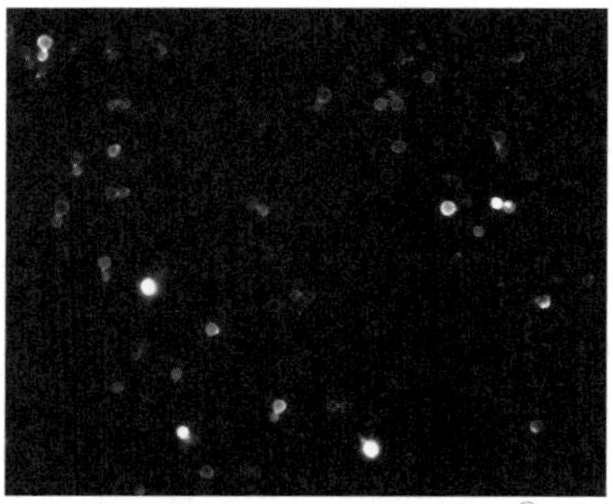

图1–2 显微镜下的酵母菌①

图1–3 市售发面用干酵母粉

2. 醋酸杆菌与乳酸菌

醋酸杆菌在有氧条件下能氧化乙醇使之成为乙酸，是制造食醋的主要菌种。乳酸菌是发酵乳制品生产过程中起主要作用的菌种，能使乳糖转化为乳酸，并伴有部分代谢产物。

3. 霉菌

霉菌是形成分枝菌丝的真菌的统称，凡在营养基质上长有菌丝体的真菌统称为霉菌。在食品工业中常用的霉菌有毛霉属、根霉属、曲霉属。霉菌大量应用于日常生产中，是非常常见的菌种。

（1）毛霉属

具有毛状的外形，无假根和匍匐枝。毛霉能产生蛋白酶，因而有分解大豆的能力，如在制作豆腐乳、豆豉时就利用毛霉分解蛋白质产生鲜味。有些毛霉具有较强的糖化淀粉的能力，如中国酒药中使用的毛霉。此外，毛霉还可用在酒精和有机酸工业原料的制作过程中。

（2）根霉属

菌丝体产生匍匐枝，匍匐枝末端长有假根，这是根霉属区别于毛霉属的主要形态特征。根霉能使淀粉分解为葡萄糖、麦芽糖等，是酿酒工业常用的糖化菌。

（3）曲霉属

曲霉具有分解有机物质的能力，在酿造工业中有广泛应用。它具有多种强活性的酶系。例如应用于酿酒的糖化菌具有液化、糖化淀粉的淀粉酶，同时还有蔗糖转化酶、麦芽糖酶、乳糖酶等；有些菌可用来分解蛋白质或用作食品消化剂。黑曲霉所产生的果胶酶，常用于果汁澄清，产生的柚苷酶和陈皮苷酶用于柑橘类罐头去苦味或防止产生白色沉淀，产生的葡萄糖氧化酶则用于食品的脱糖和除氧。在中国传统食品豆酱、

① 西南大学廖国建教授供图。

酱油、白酒、黄酒的制作中，曲霉都发挥着重要的作用。

二、发酵食品制作方法

不同的发酵食品制作方法不同，但大多包含菌种准备、原料处理、接种培养、发酵控制等环节。

不同的发酵食品所需菌种各异，可根据需求购买市售菌种，如酵母菌、毛霉、乳酸菌等。对于原料处理，不同发酵食品差异也很大，如米酒制作需将米浸泡并煮熟，酸奶制作需将牛奶煮沸，一般来说，需要对原料进行蒸煮灭菌，以避免杂菌的污染，但有些发酵食品如面包、馒头的制作则是先发酵再烘烤或蒸煮灭菌。

原料处理结束后便是进行接种操作，也就是加入菌种的过程。这一步要保证无菌环境，不能引入其他微生物，接种时若原料有经过加热处理，则需等原料冷却至适合微生物生长的温度后再接种，防止温度过高杀死进行发酵的微生物；若接种前未经过蒸煮，一般采用温水对菌种进行活化，以提升发酵效率。对于发酵条件的控制，因为不同发酵食品其微生物发酵所需条件不一样，需具体根据产品需求及微生物的生理特性为其提供合适的温度、氧气、pH 值等，保证发酵正常进行。

不同发酵食品，制作方法不一。脏脏包是新晋的网红食品，你知道它是怎样做成的吗?

| 职业体验 |

网红食品——脏脏包的制作

制作原理：

酵母菌在发酵过程中利用面粉中的糖类产生二氧化碳气体，使面团出现气孔变得蓬松，再加入巧克力、淡奶油、可可粉等提升脏脏包的口感和外形特色。

材料用具：

发面酵母、黑巧克力、牛奶、鸡蛋、高筋面粉、可可粉、黄油块、淡奶油、烤箱、冰箱等。

制作步骤：

1. 取一个较大容器，加入牛奶、鸡蛋、高筋面粉、可可粉混合。

2. 在面粉顶部掏一个洞，倒入酵母，和面、揉面 15 分钟后，加入软化的黄油块，再揉 15 分钟。

3. 揉面结束后，将面团从和面容器中取出，在案台上揉圆，再用擀面杖把面团擀成长方形（约 28 × 18 cm）。将面片用油纸包好，装入保鲜袋，然后放入冰箱冷冻 20 分钟。

4. 120 克黄油室温软化后，装入中号保鲜袋，擀成 16 × 12 cm 的长方形黄油片，放入冰箱冷藏备用。面皮冷冻好后取出，同时取出黄油片，撕去烘焙纸和保鲜袋，把黄油放在面皮中间。

5. 将面皮两侧往中间折，把黄油片包住，上、下口捏紧，中间若不太重合便将其捏紧。然后把面片擀长，横过来，把面皮折三折，再次擀长，横过来，再折三折。

图1-4 原料混合

图1-5 揉面

图1-6 擀面并套上保鲜袋冷冻

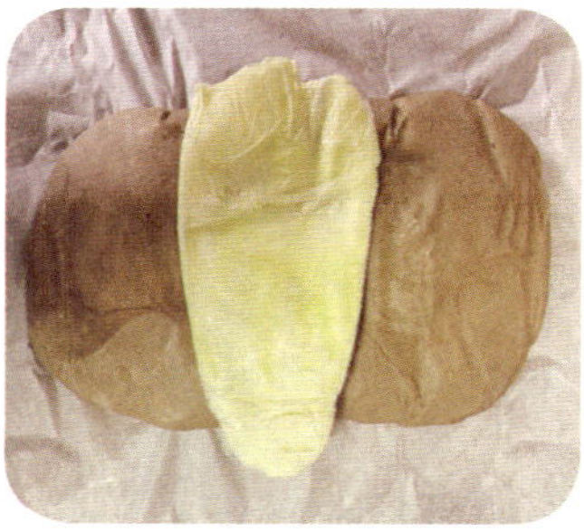

图1-7 冷冻后的黄油片与面皮折叠

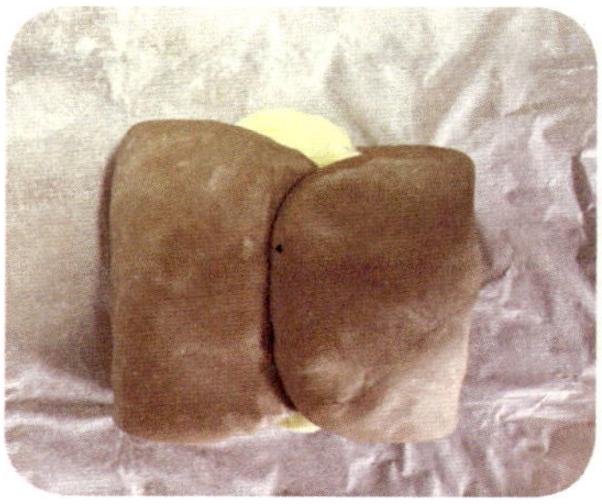

图1-8 多次折叠面皮

图1-9 面皮擀长

图1-10 长面皮卷好，放入烤箱

图1-11 浇巧克力酱，撒可可粉

6. 将面片放入保鲜袋，置于冰箱中冷藏 20 分钟。冷藏好的面片取出，擀开，擀成长方形的薄片，大约 35 × 25 cm。

7. 将长面片卷起，放入烤盘，室温发酵约 90 分钟。发酵完成之后，放入预热好的烤箱，190 ℃烤 30 分钟。

8. 将黑巧克力融化，加入淡奶油，调制成巧克力酱。面包烤好后迅速放凉，然后淋上巧克力酱，最后筛一层可可粉，网红脏脏包便制作完成。

三、发酵食品的优点

发酵食品如酸奶、米酒、酱油等作为食品的重要组成部分，渗透到生活的各个方面。现代研究表明，发酵食品营养价值高，具有多种生物活性，对人体健康有益。

1. 发酵食品营养价值高

一方面，发酵食品仍然保留着发酵前食物本身的活性成分，如膳食纤维、生物类黄酮等对机体有益的物质。另一方面，发酵后的食品某些营养素的含量会增加，甚至会生成一些新的营养成分。因微生物具有合成B族维生素的能力，发酵后的食物中B族维生素的含量较发酵前显著提升，如牛奶发酵成为酸奶后，其中的维生素 B_1、B_6、B_{12} 都有较大幅度增加。

2. 发酵食品易消化吸收

食物经过发酵后，蛋白质含量会有所提高，有些微生物还可将蛋白质分解为多肽、氨基酸等小分子物质，有利于人体消化吸收，如豆类食品经微生物发酵后，将高分子物质分解为可溶性低分子物质。有研究数据表明，发酵后的豆类其蛋白质的消化吸收率可达95%以上。同时，微生物的发酵过程可分泌植酸酶，植酸酶能分解植物性食品中的植酸，有助于钙、铁、锌等矿物元素的吸收。此外，发酵还会分解不利于人体的有害因子，如大豆中的胀气因子，经发酵后会被分解，进而避免食用后人体出现胀气。

3. 发酵食品具有多种功能活性

甜面酱、豆瓣酱、酱油、甜米酒等食品中富含苏氨酸等成分，能防止记忆力减退；豆类发酵之后，能参与维生素K的合成，可保骨骼强壮，远离骨质疏松症等疾病。此外，在微生物的发酵过程中会产生大量活性因子，最常见的便是生物活性多肽。现代研究表明，发酵过程中产生的多肽具有抗氧化、降血压、降血脂、降血糖、提高人体免疫力等诸多生物活性。

4. 发酵食品有利于肠道健康

发酵食品中的有益菌可以改善人体消化道的微生态平衡，一方面抑制肠道内有害菌的繁殖，另一方面提高双歧杆菌和乳酸菌等肠道内原有的有益菌的数量与质量，调整肠腔内菌群的平衡，增加肠蠕动，使大便保持通畅，有利于肠道健康。有营养专家建议，现代人应该每天摄取一种或两种发酵食品，特别是处于康复期的患者或胃肠功能较弱的人。

四、发酵食品可能的危害

发酵食品的制作历史悠久，遍布民间，经过历史的传承与经验总结逐步形成传统发酵技术。传统发酵技术是人们的经验累积而来的成果，可能含有有害健康的成分，且非工业化制作时无法人为干预，由于温度、湿度等环境条件不当，食用前又很少经过加热处理，故有微生物含量超标和杂菌污染的风险。

1. 有害物质含量较高的风险

例如制作泡菜采用的腌制方法，无论使用什么食材，腌制过程均存在微生物总数和亚硝酸盐含量较高的风险。蔬菜，尤其是叶类蔬菜中的硝酸盐含量较高，腌制后微生物作用使得亚硝酸盐含量急剧上升，长时间储存会使蛋白质分解产生胺类物质，在一定的条件下，亚硝酸盐与胺类发生亚硝基化作用生成具有强致癌性的N-亚硝胺物质。

2. 微生物含量超标和杂菌污染的风险

在制作毛豆腐、大酱等发酵豆制品和酱类食物时，会引入毛霉或曲霉等菌种。在后期发酵过程中，若制作环境温度和湿度控制不当，霉菌超标的风险较大，且易出现杂菌污染，如果长期食用，对人体有一定的潜在危害。

发酵乳制品中也容易出现原料奶的微生物、抗生素含量超标等问题。在原料奶各项指标均达标的情况下，若盛放器具或操作人员卫生清洁度不够，发酵及后续存放环境不当等，也会造成发酵乳制品微生物含量超标的情况。

目前，传统发酵技术正逐步与现代工艺结合，如在菌种选择时倾向于筛选纯种微生物菌株，发酵过程中严格控制发酵条件，防止有害微生物的生长等。日常生活中，我们应当选购正规厂家生产的发酵食品，若想家庭自制发酵食品，则必须按照操作规程进行灭菌，控制好发酵条件，避免发酵过程中引入杂菌，以确保发酵食品的安全性。

课外探究

除了本节课所了解到的发酵食品，你还知道哪些发酵食品呢？在生活中，你有没有见过家人制作泡菜、酿酒或做馒头呢？和大家一起分享，并分组交流这些食物的制作原理及使用的微生物。

第二节
手工酸奶、果酒、果醋的制作

| 问题探讨 |

目前“健康生活理念”日益盛行，大鱼大肉的饮食习惯正在逐步改变，酸奶、果酒、果醋等发酵食品越来越受到大众的青睐。你是否在家制作过酸奶、果酒、果醋等发酵食品呢？是否关注过相关发酵食品的制作工艺呢？

发酵食品营养价值高，具有多种生物活性，对人体健康有益。酸奶是生活中常见的发酵食品，它口味酸甜，深受大众喜爱。酸奶是以牛奶为原料，经过巴氏杀菌后再向牛奶中添加有益菌（发酵剂 / 发酵菌种）发酵而成的牛奶制品。以新鲜乳、脱脂乳、全脂乳粉、脱脂乳粉或炼乳等乳制品为原料，用嗜热乳杆菌和保加利亚乳杆菌的混合菌种共生发酵而制出的发酵酸乳，是市场最常见的发酵乳制品。

果醋是以水果，如苹果、西瓜等，或果品加工下脚料为主要原料，利用现代生物技术酿制而成的一种营养丰富、风味优良的酸味调味品。它兼有水果和食醋的营养保健功能。果酒是以各种人工种植的果品或野生的果实为原料，经过破碎、发酵或者浸泡等工艺精心酿制而成的各式各样的低度饮料酒。果酒中，葡萄酒醇厚浓郁，苹果酒清爽明快。如果将果酒进一步发酵，还能获得果醋。酸度较高的果醋可用于烹调，酸度较低的果醋是一种新兴的饮料。在本节中，我们将以牛奶为原料来制作酸奶，还将学习以葡萄为原料来制做果酒和果醋。

| 职业体验 |

手工酸奶的简易制作方法

乳酸菌在合适的温度下（常用 40~42℃）大量繁殖（发酵），将牛奶中的乳糖分解成乳酸。乳酸使发酵液的 pH 值逐渐下降，当 pH 值达到 4.6 左右时，牛奶中的酪蛋白就会缓慢沉降下来，形成细腻的凝冻，此时溶液的黏度也会增加，便形成了酸奶。

制作材料：

1. 牛奶或奶粉。蛋白质含量高于 10% 的乳品均适合制作酸奶，蛋白质含量越高越佳。
2. 种菌。市售酸奶中的乳酸菌。
3. 白砂糖。牛奶煮沸时添加 10% ~ 12% 的白砂糖。注意不要加太多，否则会抑制乳酸菌的生长，使得发酵的时间延长。

制作方法：

1. 原料奶煮沸按 10% 的比例加入白砂糖搅拌，使其充分溶解，并持续煮沸几分钟，以杀灭所有细菌。

2. 煮沸后的牛奶冷却至 40~50 ℃（以用手摸锅壁不烫手为宜），若温度过高，加入的乳酸菌会死亡。

3. 加入酸奶当作种菌。乳酸菌可以把牛奶中的乳糖转化为乳酸，达到提供酸味的目的。牛奶的 pH 值会随着乳酸浓度升高而降低，进而牛奶中的部分蛋白质会发生沉降，变为浓稠的状态。

图1–12 将牛奶煮至沸腾

图1–13 向牛奶中加入酸奶

4. 在 42~45 ℃的环境（烤箱、酸奶机等）中发酵 2~3 小时，此时乳酸菌将充分进行糖类转化为乳酸的代谢活动，乳酸含量不断增加。

5. 最后牛奶凝结成浓稠绵密、有如布丁状时，手工酸奶便制作完成了。

果酒的制作

制作果酒选用的微生物是酿酒酵母。酿酒酵母是一种单细胞真核微生物，它的代谢类型是兼性厌氧型（有氧时进行繁殖，无氧时进行酒精发酵）。在果酒制作中，我们为酵母菌提供无氧环境，使其产生酒精，便可完成果酒的制作。

制作方法：

1. 挑选应季葡萄，一般选用紫红色的成熟葡萄最佳。选好后，放入盆中，用淡盐水浸泡半小时，然后用流动的清水冲洗干净即可。

2. 将葡萄装入漏水的容器中，让其自然晾干，防止葡萄表面的水分被带入葡萄酒中，影响葡萄酒的口味。

图1–14 清洗葡萄

图1–15 密封发酵

3. 待葡萄全部自然晾干后，洗净双手戴上手套或保鲜袋，将葡萄挨个捏碎后装入事先准备好的玻璃罐中，并按照6斤葡萄加入1斤白糖的比例加入白糖，待全部装完后搅拌均匀。

4. 将容器密封放置在阴凉处，半个月左右即可完成发酵。

注意事项：

1. 挑选葡萄时，要选优质果实，不选开裂、腐烂或发霉的果实。

2. 葡萄不需去皮，因为葡萄皮上有较多酵母菌，在制作葡萄酒的时候，便不需额外添加酵母菌。

3. 酿酒时建议用玻璃或陶瓷容器，因为塑料容器的有毒物质易溶入酒中，所以不建议使用塑料容器。

4. 装瓶时，需注意不能装太满，最好在瓶内留出1/3的空间。因为葡萄在发酵过程中会膨胀，产生大量气体，若装得太满会导致葡萄汁液溢出，甚至产生爆炸的风险，故密封时瓶口也不要拧得太紧。

果醋的制作

制作原理：

当氧气、糖源充足时，醋酸菌能将葡萄汁中的糖分解为醋酸；当缺少糖源时，醋酸菌将乙醇变为乙醛，再将乙醛变为醋酸。

制作方法：

1. 按果酒的制备方法制备葡萄酒。

2. 将酿好的葡萄酒转移至30~35℃的环境中，将盖子打开，并适时通过充气口充入空气，发酵7~8天便可制成果醋。

也可以直接在果酒中加入醋酸菌。醋酸菌的菌种可以到当地生产食醋的工厂或菌种保藏中心购买。

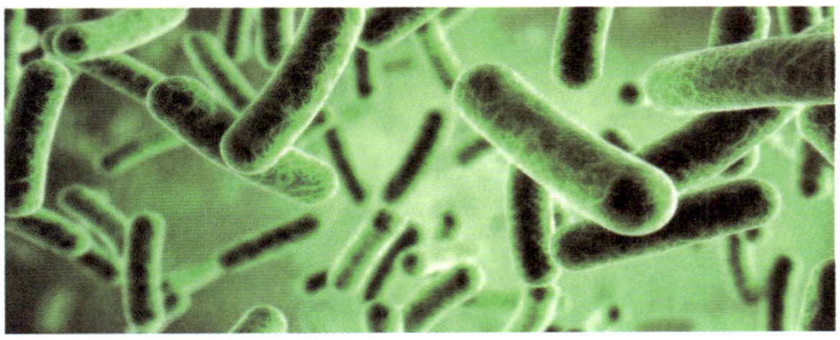

图1–16 醋酸杆菌

图1–17 果醋制作完成

注意事项：

1. 果醋必须在缺少糖分、酒精充足的环境下制作。

2. 醋酸菌是好氧菌，在制作过程中要通入氧气，否则醋酸菌会大量死亡。

课外探究

请同学们自行动手实践，体验制作发酵食品的乐趣。制作时，可以拍照记录过程或写一篇记录日志。同时，你还可以把自己制作的发酵食品与同学们分享，并让同学们对你的发酵食品进行感官评价。

酿酒师、调酒师与品酒师

酿酒师是从事酿酒工作的人员。在酿酒过程中指导生产工艺设计、参数控制等，是酿酒的第一道质量把关人。其工作内容主要包括：选用酿酒原料和辅料；选择和使用酿酒设备；制备和选择糖化发酵剂；设计和应用糖化、发酵、蒸馏、贮存、灌装工艺；监控各工艺参数；开发酿酒新原料、新工艺及酒类新产品。

调酒师是酿酒师工作的延续。不论是白酒、葡萄酒还是其他酒种，在原酒酿造出后需要经过勾兑（勾调），从事这一工作的人就被称为“调酒师”。调酒师不但要弥补酒体缺陷，增强酒体优势，还要设计出更具风格、被消费者喜爱的酒品，就像一名音乐家，不仅需要熟练地演奏各种乐器，还要创造性地谱写出独具魅力的音乐作品。

品酒师是应用感官品评技术，评价酒体质量，指导酿酒工艺、贮存和勾调，进行酒体设计和新产品开发的人员，是品鉴、评价、鉴定酒类产品的标尺。

第三节
腌制食品

| 问题探讨 |

腌制食品是日常生活中的常见食物，比如腊肉、火腿、香肠、咸菜等。生活中我们常常听说腌制食品会导致一些健康问题，如会致癌，甚至说腌制食品有毒……这是真的吗？

一、腌制食品的由来

在广袤的中华大地上，风土人情各异，而腌制食品似乎是大家都偏爱的食物。它的来源可追溯到遥远的古代，那时食物本身不易获取，各个季节食物的丰富度也不同，食物丰盛时会有所剩余，而剩余的蔬果、肉类等食物很容易腐败变质；在食物匮乏时，人们又要忍受饥饿……聪明的中华儿女便想出了通过腌制的方法来长期保存食物，以确保在每个季节都有可食用的食物，酸菜、咸菜、蜜饯、火腿、腊肉、腊鱼、香肠便应运而生。腌制是通过一定手段，让盐、糖等渗入食品组织内以抑制有害微生物的生长，防止食品腐败变质，进而达到长期保存食品的目的。

在西安半坡遗址中，我们发现早在六千年多前，先民们就在灶坑上用树枝挂肉熏烤，以后逐步改烟熏为日晒；在三千多年前的《诗经·谷风》中有“我有旨蓄，亦以御冬”的诗句，其中的“旨蓄”就是我们现在用坛子腌制的蔬菜。[①]《论语》记录了孔子收学生的最低条件，在《论语·述而》中有“自行束脩以上，吾未尝无诲焉”，大意是说，只要你自己带上“束脩”或比“束脩”更值钱的东西抵学费，我都可以教你，而脩指干肉，又叫脯，“束脩”就是十条干肉；《论语》中又说“沽酒市脯，不食”，就是买的酒和干肉不能吃之意，从《诗经》《论语》中的这些记录可看出春秋之时各地市场上已有大量“脯腊”制品出售。[②]但是，真正记录了制作方法的，还要数《齐民要术》，其中有专门介绍“脯腊”制作方法的章节。

---

① 邵万宽.我国古代食物的加工与贮藏技术 [J].农业考古，2017（4）：201-207.
② 赵建民，郭志刚.从“沽酒市脯”到《齐民要术》之“脯腊”制作 [J].四川旅游学院学报，2014（2）：3-6.

|实践探究|

《齐民要术》是古代劳动人民智慧的结晶，其中介绍了不少包含腌制食品在内的食物制作方法，一千多年前的人们吃的究竟是什么味道的食物呢？让我们尝试按照《齐民要术》中的描述来制作古代美食吧！

穿越时空的舌尖美味——古代美食制作活动

1. 五味脯

[原文]正月，二月，九月，十月为佳。……或作条，或作片。罢，凡斫肉，皆须顺理，不用斜断。各自别捶牛羊骨令碎，熟煮取汁，掠去浮沫，停之使清。取香美豉（chǐ），别以冷水淘去尘秽。用骨汁煮豉，色足味调，漉（lù）去滓（zǐ），待冷，下盐。适口而已，勿使过咸。细切葱白，捣令熟。椒、姜、橘皮，皆末之。量多少，以浸脯，手揉令彻。片脯三宿则出；条脯须尝看味彻乃出。皆细绳穿，于屋北檐下阴干。条脯浥浥时，数以手搦（nuò）令坚实。脯成，置虚静库中，着烟气则味苦。纸袋笼而悬之。置于翁则郁浥。若不笼，则青蝇尘污。

[译文]在正月，二月，九月，十月最好。……或者做成条，或者做成片。做完，破肉时，都要顺着肌肉走向，不要斜切。将牛羊骨捶碎，煮久些，取得汁。将上面的泡沫掠掉，放至澄清。取香的鲜美的豆豉，另用冷水，淘掉灰层和杂质。用骨头汤煮豆豉，等豆豉汤颜色够了，味也好了，把豆豉过滤掉，冷却后加盐。刚合口味就行了，不要太咸。葱白切细捣碎。花椒、姜、橘皮都捣成粉末。自己斟酌要用多少，把做脯的肉料浸在里面，用手揉，让这些佐料透进里面。片脯，过三夜就取出来；条脯要尝过看味道够了才取出。都用细绳子穿着，挂在屋子北面檐下阴干。条脯在半干半湿时，反复用手捏紧实。脯做成后，放在空而无人进出的库里，遇上了烟气，味道就苦。用纸口袋包着挂起来。放在翁子里，就燠（yù）坏了。不包着，就给苍蝇尘土弄脏了。

2.《食次》曰白茧糖法

[原文]：熟炊秫稻米饭，及热于杵臼净者，舂之为糌，须令极熟，勿令有米粒。

擀为饼：法，厚二分许。日曝小燥，刀直为长条，广二分，乃斜裁之，大如枣核，两头尖。更曝令极燥，膏油煮之。熟，出，糖聚丸之；一丸不过五六枚。

[译文]把糯米蒸成饭，趁热在洁净的杵臼里舂成糍，糍要舂的极细，里面不能有还没有舂化的米粒。

擀成饼：按规矩，只要大概二分厚。太阳里晒到稍微干些，用刀成直线地切成长条，二分宽，再斜切成枣核大小，两头尖的小丁点。再晒，晒到极干，用油炸。熟了后漉出来，在糖里滚成丸；每次滚五六个。

3.《食次》曰粣（yè）

[原文]粣用秫稻米末，绢罗，水蜜溲之，如强汤饼面。手搦之，令长尺余，广二寸余。四破，以枣栗肉上下着之遍，与油涂竹箬裹之，烂蒸。

[译文]《食次》说，粣的做法，用糯米粉，绢筛里面筛过，加水和蜜调和，和到像硬些的面条面一样。再捏成一尺多长、二寸多粗的条。破成四条，将红枣肉和栗子肉贴在面上，上下贴满，用涂过油的箬叶裹起来，蒸到烂熟。

二、腌制食品的原理

腌制食品的发明是为了延长食物的保存时间，无论是腌制的蔬菜、瓜果，还是肉类，都需要使用大量的盐或糖。那么，为什么蔬菜和肉类用大量的盐或糖处理后就能长时间保存呢？这就要从微生物说起了。因为微生物的生长繁殖是导致食物腐败变质的主要原因，而微生物的生长也需要有适宜的营养、温度、水分、pH 值等，有些微生物的生长还需要空气。因而食品的保存就必须打破适宜微生物生长的环境条件，如通过烘干除去水分或真空包装隔绝空气使微生物不能生长，通过降低保存温度而抑制微生物的生长……那食盐和糖为什么能够抑制微生物的生长呢？

科学大视野

生活中，你是否发现，在萝卜丝上撒上盐后，萝卜丝会变软，还会渗出很多水。这些水是从哪里来的呢？我们可以根据科学实验来观察与探究。

在 U 形管的中央放置一个半透膜，半透膜只允许水通过，不允许蔗糖通过。左边是清水，右边是蔗糖溶液。起始，左右两边的液面高度一样，过一段时间后，我们会看到什么现象呢？

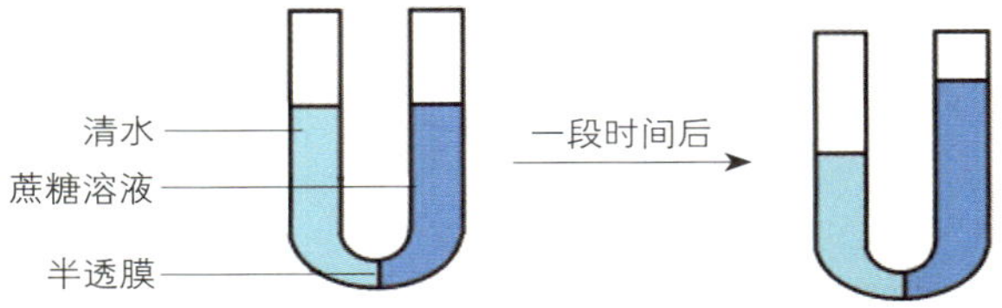

图1-18 渗透作用

由于 U 形管右边溶液的浓度比左边的浓度高，所以右边的渗透压就高，水分更多的从左边扩散到右边，使右边的液面升高。

其实，不论人们是用糖还是用盐进行腌制，都是为了制造一个高浓度的外部环境，当外部溶液浓度高于微生物细胞内的浓度时，微生物就会因过度失水而死亡，腌制食品就是用此原理来抑制微生物的生长。

三、现代腌制食品制作工艺的改良

随着时代进步，腌制工艺不再纯粹为了保存食物，更侧重于为我们提供丰富多样的美味食物。为保证腌制食品的营养与安全，现代工艺在制作腌制食品时有了很多改进。

1. 制作步骤得以量化

在现代腌制食品生产工艺中，配料、制作条件等都通过实验得到了精确的量化，如最佳的腌制温度、最佳用盐比例等。

2. 机械化取代人工

传统腊肉的腌制一般是放置于大缸中静置腌制，定期翻缸。这种方法费时、费力，且食盐的扩散不均匀。现代工艺制作腊肉可用滚揉机，滚揉机慢速、柔和地翻滚肉块，可使肉块得到均匀挤压、按摩，改善产品的切片性，提高生产率。

3. 安全性增强

（1）低盐腊肉研发

在传统腌腊肉制品加工过程中，人们通常靠添加大量的食盐抑制微生物的生长，因而传统腌腊肉的盐含量较高，一般是其他食品的数倍，这也是腌制食品常常被诟病的原因。所以人们开始研究如何获得含钠量比较低的腊肉，如通过添加 D– 异抗坏血酸钠，或者用其他有咸味的非钠盐来代替食盐，如用 KCl 部分代替 NaCl 等。

（2）低亚硝酸盐腊肉研发

肉制品中常常添加亚硝酸盐，因为亚硝酸盐能使肉保持鲜红色，还能抑制肉毒杆菌等有害细菌的生长，进而达到防腐的效果，但是亚硝酸盐加入过多会对人体健康造成危害。

现代腌制工艺的研究方向之一是低亚硝酸盐含量的腊肉。目前可用蛋黄粉、芹菜粉、姜、蒜等天然食物或红曲红、甜菜红、番茄红素、胭脂树红等天然色素来替代一部分亚硝酸盐，或用氨基酸、有益微生物代为发色。但遗憾的是，目前还没有方法能完全替代亚硝酸盐。

四、腌制食品的健康问题

生活中常有人说腌制食品吃不得。那么腌制食品到底能不能吃呢？腌制食品有哪些安全隐患呢？

1. 腌制食品含盐量高

《中国居民膳食指南》（2016 版）建议成人每日盐摄入量不大于 6 g 。高盐（钠）摄入会增加高血压、中风和胃癌的发生风险。腌制食品如腊肉的含盐量为 5%，即 100 g 肉中含有 5 g 盐，它的含盐量较普通菜肴含盐量更高，那么生活中我们就需要完全杜绝它吗？跟完全避免摄入腌制食品相比，更重要的是要限制单餐腌制品的食用量，或在食用前进行适当的预处理（如腊肉在烹饪前可以用水浸泡以减少盐含量）。

2. 腌制食品中亚硝酸盐的危害性

亚硝酸盐是肉制品中最常用的食品添加剂之一，在肉制品添加剂中占领着“统治”地位。因为它可以使肉制品呈现较好的颜色，抑制有害细菌的生长繁殖，防止腐败，改善风味。但添加过多会产生具有强致癌性的物质——亚硝胺。所以我国的《食品添加剂使用标准 GB2760–2014》中规定，以亚硝酸钠计，肉制品中亚硝酸盐的残留量应不超过 30 mg/kg。

为降低亚硝酸盐带来的危害，可以适当改良烹饪方法。因亚硝酸盐易溶于水，所以水煮腌制食品能够大量降低亚硝酸盐的含量，平均可减少到原来的 22%。

课外探究

腌制食品是我们生活中经常食用的食品，你知道如何烹饪美味的腌制食品吗？请按照下面的烹饪方法去做一道美味佳肴吧！

腌制干鱼的烹饪方法

1. 将腌制干鱼洗净，改刀，清水浸泡 1 小时左右。

2. 准备调料：花椒、干辣椒、姜片、蒜片、橘皮、白糖、炒香的白芝麻、盐、醋、白胡椒粉、料酒、蒜苗叶、香菜。

3. 锅中倒入少许油，下入干鱼，炸至金黄。

4. 留底油，加入姜片、蒜片、橘皮，炒香，再加入花椒、辣椒、少量的盐（或不加盐），再倒入干鱼。

5. 加入醋、白糖，翻炒。

6. 加入炒香的白芝麻，再加入蒜苗、香菜段翻炒，装盘。

图1-19 干鱼切块

图1-20 准备调料

图1-21 鱼块炸至金黄

图1-22 炒香配料

图1-23 倒入干鱼块，加入调料

图1-24 加入配菜

第四节
辣白菜的制作

问题探讨

白菜古时称“菘”。大美食家苏轼称赞“白菘似羔豚，冒土出熊蹯”。他将白菜与羊羔、熊掌相媲美。古人对白菜之喜爱，可见一斑。你喜欢吃白菜吗？你知道白菜有什么营养价值吗？白菜都有哪些吃法呢？

大白菜又称结球白菜、黄芽菜或包心白菜，是十字花科叶用蔬菜。它质地柔嫩、营养丰富，除富含人体不可缺少的蛋白质、脂肪、糖类、钙、磷、铁、硒、钼，还含丰富的维生素、膳食纤维等营养成分，是人类矿物质和维生素的良好来源，民间也有“百菜不如白菜”“冬日白菜美如笋”之说。

表 1–1　大白菜的营养价值

营养成分	含量	营养成分	含量
蛋白质	1.1~1.4 g	钙	40.0~60.0 mg
脂肪	0.1~0.2 g	磷	30.0~37.0 mg
碳水化合物	2.2~2.4 g	铁	0.5~0.8 mg
粗纤维	0.4~0.5 g	胡萝卜素	0.04~0.10 mg
尼克酸（烟酸）	0.3~0.5 mg	维生素 B_2	0.04~0.06 mg
维生素 B_1	0.02 mg	维生素 C	19.0~30.0 mg

注：以 100 g 大白菜可食用部分计。

俗话说，药食同源，大白菜便具有药食兼有的特点，中医认为白菜性微寒无毒、养胃生津、除烦解渴、利尿通便、清热解毒，为清凉降泄兼补益之良品，可用于缓解感冒、发烧口渴、支气管炎、咳嗽、食积、便秘、小便不利、冻疮等症状。白菜还是特别适合中老年人和肥胖者的食物。怎么才能利用白菜制作美味可口的食物呢？

大白菜作为家常蔬菜，食用方法很多，拌、炝、腌、炒皆宜，既可单独成菜，又可与众多原料为伍，既可做成淡雅的高档菜，又可做成味厚的大锅菜，而且还是面点馅心的原料之一。辣白菜是大众化的蔬菜腌制品，是以白菜为原料，以鱼酱、辣椒、蒜等多种配料腌制发酵而成，含有丰富的矿物质，如铜、钙、磷、铁等，还能促进维生素 C 和维生素 B 的吸收，特点是辣、脆、酸、甜，色白带红。辣白菜的制作过程除了有腌制还有微生物的发酵，白菜在发酵过程可产生乳酸菌，乳酸菌不但可以净化胃肠，而且能够促进胃肠内的蛋白质分解和吸收，抑制肠内其他有害菌的生长。

职业体验

“辣白菜”是朝鲜族人传统美食之一，我国延边朝鲜族辣白菜具有悠久的历史，也是韩国泡菜最常见的代表，是制作韩餐的重要原料。下面来介绍辣白菜的制作方法。

辣白菜的制作

制作原理：

以蔬菜为主要原料，添加多种辅料，以腌渍的方式在兼性厌氧条件下进行发酵。对传统韩国泡菜而言，采用开放式腌渍方式使原料处于相对开放的环境，发酵初期兼性厌氧的乳酸菌群为优势菌，发酵中期、末期耐氧和耐酸性的乳酸菌为优势菌群。

制作材料及工具：

原料：白菜 1 棵、胡萝卜丝一碟、白萝卜丝一碟、鸭梨 1 个、苹果 1 个、蒜 2 头、姜 1 块、韭菜段 1 碟、洋葱半个。

调料：大粒盐 100 g（腌白菜用）、糯米粉 60 g、粗细辣椒粉各 170 g、蓝标鱼露 50 g、白糖 40 g、虾米一碟。

工具：准备盛装的容器，洗净后，自然晾干，保持干净。

制作工艺：

原料→挑选→清洗→切分→食盐腌制→抹料→装罐发酵→成品。

方法步骤：

1. 白菜的处理

（1）挑选、清洗、切分：将白菜外面的老叶子摘去，冲洗干净后，将白菜竖着一切四份或更多份。

（2）抹盐腌制：从最外一层开始撒盐，给白菜的每一片叶子里外都抹上食盐，其中根需要多撒而叶子少撒。把撒完盐的白菜放入一个无油的盆里，压实。

（3）配制盐水腌制：把剩余的盐按 1 ∶ 10 的比例与清水混合成盐水，倒入深一些的容器中，把白菜放入，上面再放上一个有重量的器物，如大石头。腌制 6~8 小时，中间翻动 2 次。腌好的状态是：白菜的叶子和菜帮都变软了。

（4）把腌制好的白菜在流动的水中冲洗几次，拎干，直到用手一抓，不出水为准，备用。

2. 腌菜汁的制作

（1）原料处理：把蒜、姜、梨、苹果、洋葱、白萝卜洗净切碎，放入搅拌机中，加入少许水，把它们打碎成糊状，备用；韭菜、胡萝卜洗净后，切成大约 5 cm 长的细丝，备用。

（2）糯米汁的制作：糯米粉中加入 500 mL 左右的水搅拌均匀，倒入锅中，中小火煮，直到中间冒泡为止，煮的时候，一定要边加热边搅拌，防止糊锅。冷却后放入辣椒粉，搅拌均匀；或将糯米用温水浸泡后，上锅慢煮，待汤汁黏稠后，将上面一层汤汁舀出。再加上温水慢煮，再待汤汁黏稠雪白后，舀出，直至糯米粒被熬煮化。

（3）糯米粉放至微微有点热度时，加入辣椒粉，拌匀静置20分钟左右，直到颜色明显变深。

（4）将打好的姜、蒜等的糊放入颜色变深的辣椒糯米糊中，加入鱼露、糖、拌匀，最后放上韭菜、胡萝卜拌匀。

3. 抹料、腌制

（1）带上一次性厨房手套，将制备好的腌菜汁抹在白菜的每一层里，注意两面都要抹匀。

（2）把全部抹好的辣白菜放入密封盒内，上面倒上剩余的腌菜汁，盖上盖子，装进塑料袋，放进冰箱冷藏。让白菜发酵，1天后即可食用。

第五节 烘焙食品

问题探讨

“我热爱烘焙，把亲手做的蛋糕、饼干、甜点等拿来和家人、朋友、同事一起分享，这是一种情感的交流方式。”这是一位热爱烘焙的妈妈对朋友说的话。你知道生活中哪些食品是烘焙食品吗？你知道它们是怎么制作的吗？

烘焙食品可以说是舶来名词，来自“baking”，即经过烘烤加工的谷类食品，通常被理解为以面包为代表的西式糕点。简言之，烘焙食品是以粮、油、糖、蛋为原料，添加适量辅料，并通过和面、成型、焙烤等工序制成的口味多样、营养丰富的食品。

一、烘焙中的饮食文化

说到烘焙食品，我们容易想到甜点、茶点、聚会时的蛋糕和点心等。实际上，我国的烘焙食品历史悠久。相传“点心”一词源于东晋。当时有一位大将军，手下的战士非常英勇，日夜奋战，将军甚为感动，便命人制作老百姓喜爱的美味糕饼，派人送往前线慰劳将士，以表自己对战士们的“点点心意”。自此以后，“点心”的名字便传开了，并一直沿用至今。无论这故事是否可靠，“点心”在我国民间早广为流传，每逢传统节日都是点心的销售旺季，比如春节的年糕、端午的粽子、中秋的月饼。每种点心也展示着这一食品所在地的地域特色。比如“陕西八大怪”之一的锅盔源于外婆送给外孙贺满月而赠的礼品，后发展成为风味方便食品。馕是新疆人民喜爱的主要面食之一，已有两千多年的历史。近年来，随着经济文化的不断发展融合，西方文化不断渗入，国人对“点心”有了全新的认识，已不再局限于节日馈赠，而是深入百姓生活的每一天。比如生日蛋糕已经成为百姓生活中最为常见的“点心”之一，而“点心”这个称呼也有了更为科学的名称——烘焙食品。现在所说的烘焙食品不仅涵盖了最传统的通过焙烤制出的点心，还包含了“进口”的面包、曲奇等一系列烘焙食品。可以说，由于烘焙食品自身营养丰富、香甜美味、造型别致等特点，已经成为人们尤其是年轻人生活中十分重要的食品之一，甚至形成了一种饮食文化。

二、烘焙的基础知识

1. 烘焙常见专业术语

打发：打发是烘焙中出现频率最高的动作之一，一般用电动打蛋器完成，打发的对象通常为蛋黄、蛋白。通过打发，使鸡蛋等材料搅入空气，形成泡沫，材料变得蓬松，从而在烘焙时产生膨松剂的效果。打发时影响泡沫形成与稳定的因素主要有：温度、黏度、油脂、pH 值、蛋的新鲜程度等，其中油脂是一种消泡剂，因此打蛋白时绝不能粘油。蛋黄和蛋白分开打发，就是因为蛋黄中含有油脂。打发时加醋酸或柠檬酸可让泡沫保持稳定。

翻拌：翻拌是一种从底部往上拌匀面糊的方式（注意千万不能画圈搅拌），这种手法能避免打发好的鸡蛋消泡，正确的翻拌是做出成功西点的前提。

过筛：面粉等粉类在储存过程中难免结块，用筛网过滤就是过筛。过筛解决了粉粒结块的问题，有利于制品口感膨松细腻。

2. 常用烘焙工具

烤箱、量杯、秤、分蛋器、打蛋器、烤盘、擀面杖、橡皮刮刀、油纸、面粉筛、蛋糕模具等。

3. 烘焙所用原料

小麦粉：小麦粉是烘焙的主材，按面筋含量分为高筋粉（制作面包）、低筋粉（制作蛋糕）、中筋粉（制作馒头、月饼、饼干）。市面上常见的一等粉、二等粉都属于中筋粉，购买时要按用途仔细选择。

糖：烘焙时糖可作甜味剂、着色剂，还能促进发酵等。根据精制程度、形态、色泽分为白砂糖、绵白糖、糖粉等。白砂糖又根据晶粒大小分为粗砂、中砂、细砂，其中细砂糖性价比高，是烘焙中最常用的。

油脂：油脂对改善制品品质、风味和提高营养价值起重要作用。烘焙中常用的油脂主要有植物油、动物油、人造奶油、起酥油等。常用的动物油有奶油（牛奶中分离出的乳脂肪，用于西式糕点）和猪油（用于中式糕点）。

蛋品：烘焙中运用最多的是鲜鸡蛋，由蛋壳、蛋白（又叫蛋清）、蛋黄三个主要部分组成。其中蛋白经过强烈搅打，蛋白薄膜将混入的空气包围起来形成泡沫，在烘焙时，泡沫内的气体受热膨胀，增大了产品的体积，这时蛋白质遇热变性凝固，使制品疏松多孔并具有一定的弹性和韧性，因此蛋在蛋糕等制作中起到了膨胀、增大制品体积的作用。

乳品：根据生牛乳的去水率由低到高分为鲜乳、淡乳、炼乳、乳粉。既赋予制品浓郁的奶香味，又提高营养价值。

膨松剂：有利于气体泡沫的产生，如碳酸氢钠（俗名小苏打）、泡打粉等，其效果也可用酵母发酵或充分打发替代。

制作美味戚风蛋糕

戚风蛋糕作为细腻柔软蛋糕的代表，总是备受欢迎。本方法没有用任何膨松剂和酵母粉，蛋糕的膨胀力量全部来自蛋白霜泡沫，充分打发是制作成功的关键，也是良好口感的重要保证。

材料：鸡蛋 6 个、低筋面粉 100 g、细砂糖 80 g（60 g 加入蛋白中，20 g 加入蛋黄中）、玉米油 50 g、牛奶 80 g、柠檬汁 1 小勺。

图1-25 戚风蛋糕原材料

参考温度与时间：8 寸圆形蛋糕模，上下火 170 ℃，40~45 分钟（烤箱预热 10 分钟以上）。

制作过程：

1. 将鸡蛋的蛋黄和蛋白用分蛋器分开。

图1-26 分蛋器分离蛋黄与蛋白

图1-27 分离后的蛋黄与蛋白

2. 将蛋黄、细砂糖（20 g）、玉米油混合后用电动打蛋器打发到体积膨大，状态浓稠。

3. 加入过筛的低筋面粉，用橡皮刮刀翻拌均匀至无粉粒，成为蛋黄面糊。放在一旁静置备用。

4. 将电动打蛋器洗干净并擦干，开始打发蛋白。将蛋白打发到鱼眼泡状态时，加入 20 g 的细砂糖，再加入柠檬汁，继续搅打，剩余 40 g 糖分两次分别在出现细泡和纹理时加入。

图1-28 打发蛋黄

图1-29 打发蛋白

5. 将蛋白继续打发到干性发泡状态（提起打蛋器后，蛋白能拉出直立的尖角），蛋白霜制作完成。

6. 取 1/3 蛋白霜拌入蛋黄面糊，翻拌均匀后再拌入剩余蛋白霜，至完全混匀。

7. 倒入 8 寸圆形蛋糕模，至八分满，轻敲两下排气，放入预热好的烤箱烤 40~45 分钟。

图1–30 烘焙中的蛋糕

图1–31 戚风蛋糕成品

打发要诀：蛋白和蛋黄分开要彻底，盛蛋白的碗、打发用的打蛋器需要无油无水，否则蛋白打发会失败。蛋白要先打发到湿性发泡（提起打蛋器后，蛋白能拉出弯曲的尖角），再打发到干性发泡（蛋白能拉出直立的尖角，看起来呈湿润、有光泽的状态）为止。打发也不能过度。打得太过的蛋白霜表面粗糙、结球状，既在翻拌时不易拌匀，又使口感变得有韧性而不是松软。

制作交流：制作过程拍照记录（蛋白打发结束时，烘烤 30 分钟时，蛋糕出炉时）。

经验交流：打发的程度对蛋糕口感的影响。

三、烘焙食品中可能的危害

早餐吃几片面包，上午工作之余来几块饼干，下午茶配上几块精美可口的蛋糕……这已经成为现代人的饮食习惯。在享受便捷和美味的同时，烘焙食品的安全性并非如外表和味道那么迷人。让我们追踪烘焙食品的成分，看看它可能有哪些危害。

1. 糖和油脂对健康潜在影响

（1）导致营养缺乏症。

糖除了提供大量热能几乎没有其他帮助，而糖的代谢分解需要各种维生素和矿物质的参与，如果吃下大量精制糖，会增加身体对其他营养素的需求。遗憾的是，糖使人产生饱腹感，假如吃糖太多，其他营养丰富的食品摄入量必然会下降，使多种微量营养素摄入不足。

（2）导致缺钙。

糖在体内代谢形成酸性物质，为了防止血液变酸，身体不得不用骨骼中的钙来中和酸性物质，久而久之，造成缺钙。

（3）导致糖尿病。

糖摄入过多会使血糖浓度上升，迫使胰岛细胞拼命地分泌胰岛素来降低血糖，经常摄入过多的糖会让胰岛细胞不停地工作，结果积劳成疾；胰岛素浓度总是太高，还会使“胰岛素受体”对胰岛素的敏感度下降。

2. 乳化剂对健康潜在影响

部分作为乳化剂使用的氢化植物油含有大量的“反式脂肪酸”和“饱和脂肪酸”，对心血管健康和神经系统的发育危害极大。

3. 膨松剂对健康潜在影响

膨松剂中的成分虽然总体来说比较安全，但也有令人忧虑的地方。明矾中含铝，铝不是营养元素，体内铝过多会导致儿童神经系统发育障碍，并促进早老性痴呆的发生。与其他更先进的配方相比，含铝膨松剂让产品松软且价格便宜，往往被过度使用，给消费者带来潜在危险，尤其是对大脑正处于发育中的孩子。

4. 色素对健康的潜在影响

在烘焙食品中常会选用适当的色素来提升食品的感观质量。天然色素的使用不仅健康并且有独特的风味，而合成色素的使用则有损人体健康。

课外探究

烘焙食品种类繁多，你可以对市面上的烘焙食品进行调研，可以对消费者对烘焙食品的嗜好进行调查，也可以自己动手制作美味的烘焙食品，甚至可以自己研发新的烘焙产品。请同学们利用假期的时间，尝试动手开展相关探究活动吧！

职业探索

西点师

西点师即西点烘焙师，是一个受人喜爱的职业。西点师的创始人 R.J.Patisserie，通过自己的不断努力，获得了良心西点师的美称。优秀的西点师应具备法式、英式、德式等面包的烘焙制作技术，会制作港式、欧式西点蛋糕、派塔、芝士类甜品、韩式水果装饰蛋糕、日式慕斯冰淇淋蛋糕等，以及曲奇、饼干、酥点、泡芙、蛋挞、比萨、巧克力、提拉米苏等高级酒店宴席流行西点精品，同时还需懂得西点行业管理和经营。

第二章 食品营养

随着《“健康中国 2030”规划纲要》《国民营养计划（2017-2030 年）》的颁布，健康生活、合理营养得到越来越多人群的关注。青少年正处于生长发育的关键时期，科学合理的营养是保证生长发育和身体健康最重要的物质基础，是完成紧张的学习任务和从事体育锻炼的前提条件。食谱制作、膳食指导、膳食干预是营养师、健康管理师的主要工作内容，让我们尝试以营养师、健康管理师的职业身份去学习营养学的基础知识，掌握合理营养平衡膳食的基本技巧吧！

第一节
营养学基础

问题探讨

高血压、糖尿病、肥胖、高血脂等慢性病的发病率逐年上升且年轻化，这些疾病大多是因不合理的膳食结构及营养摄入而造成的。随着生活水平的不断提高，我们可食用的食物种类越来越多，营养价值也越来越高，那么怎样才能吃得越来越健康呢？生活中我们应当怎样注重膳食营养呢？

食物是生命活动的基本保障，它为我们提供生命活动所需的各种营养，那么食物具体可以为人体提供哪些营养呢？人体为维持生长发育与新陈代谢，以食物的形式摄入所需要的物质被称为营养素，包括碳水化合物、脂类、蛋白质、维生素、矿物质和水。营养素在为人体提供能量、促进生长、构成和修复机体组织、维持生理调节供能等方面发挥了重要作用。

一、七大营养素①

1. 碳水化合物

碳水化合物是生物维持生命活动所需能量的主要来源，它来源广泛，是最经济和最主要的能源物质。中国营养学建议，除了 2 岁以下的婴幼儿，人们每天应有 55%~65% 的热量来自碳水化合物。碳水化合物在饮食中主要作为主食摄入，生活中应避免单一的碳水化合物来源，尽量搭配多种谷薯杂豆类食物，多吃全谷物食物来代替精制谷物。

2. 脂类

脂类包含脂肪和类脂，人体中脂类总量占体重的 10%~20%，其中脂肪约占体内脂类总量的 95%，是体内重要的储能和供能物质。脂肪是人体能量储存的重要形式，当人体摄入能量不能及时被利用，就会以脂肪的形式储存下来，当机体需要时，脂肪再分解供能。食物中的脂类可赋予食物独特的色、香、味，提供人体必需的脂肪酸，促进维生素 A、维生素 E 等脂溶性维生素的吸收和利用，维持人体健康。脂类的摄入

① 刘英华，孙建琴．社区营养与健康 [M]. 北京：人民卫生出版社，2019.

要适量，过量易引发肥胖、高血脂等疾病，应尽量摄入富含不饱和脂肪酸的脂类。

3. 蛋白质

蛋白质是一切生命的物质基础，是机体细胞的重要组成部分，是人体组织更新和修补的主要原料。人体皮肤、肌肉、骨骼、内脏等组织都由蛋白质构成。人体内的蛋白质在不断合成与分解，其含量始终处于动态平衡中，一般说来，成人体内每天约有3% 的蛋白质会被更新。同时，蛋白质也是酶、激素、免疫物质等生理活性物质的基本成分，在人体生理功能调节中发挥着重要作用。此外，蛋白质也是供能物质之一，当体内碳水化合物和脂肪的供能不能满足机体需求时，或蛋白质摄入量过多时，蛋白质会分解释放能量。膳食蛋白质有动物性蛋白质、植物性蛋白质两种来源，二者都应均衡摄入，不可互相替代。常见的动物性食物蛋白质的含量为：瘦肉 16%~20%、鱼类 15%~25%、蛋类 12%、乳类 3.4%，植物性食物中大豆的蛋白质含量最高，可达到30% 左右，是最经济的蛋白质来源。

4. 矿物质

矿物质是人体必需的营养素之一，它们在体内含量虽少，却发挥着重要作用。钙、硫、磷、钾、氯、钠、镁 7 种元素在人体内含量较多，被称为常量元素；铁、锌、铜、硒、碘、钴、钼和铬 8 种元素在体内含量少被称为微量元素。这些矿物质是构成身体的组织结构、维持生命活动和保证生长发育不可缺少的营养素。

人体所需的矿物质中任何一种摄入不充足，都会对健康造成危害，如缺铁会导致缺铁性贫血，不但会影响儿童的生长发育，还会影响智力发育；缺钙会影响儿童身体的生长，老年人会发生骨质疏松；缺碘易引起地方性甲状腺肿，表现为脖子粗大，若儿童长期缺碘，会导致身材矮小，智力低下，生长停滞。

5. 维生素

维生素是维持机体生命活动所必需的、微量的低分子有机化合物。它天然存在于各类食物中，人体几乎不能合成，它是人体新陈代谢的重要物质，是维持生命和健康的必需物质。维生素包含脂溶性维生素和水溶性维生素。脂溶性维生素只能溶解于油脂，主要是维生素 A、维生素 D、维生素 E、维生素 K 等，这类维生素在肠道内必须借助脂肪才能被吸收。水溶性维生素只能溶解于水，包括维生素 B_1、维生素 B_2、维生素 C、叶酸、维生素 B_6、维生素 B_{12} 等。脂溶性维生素被机体吸收后，除了满足机体的需要之外，如有多余则在体内储存起来。所以，如果长期过量服用脂溶性维生素（如鱼肝油）可引起中毒。水溶性维生素进入体内极少储存，多余的水溶性维生素会很快随尿液排出体外。所以，水溶性维生素每天必须从食物中获取，如果供给不足，则很容易出现缺乏症。

6. 水

水是生命之源，是人类赖以生存、维持基本生命活动的必需物质。一个人可以几天不吃饭，只要能保证供应足够的水分，即使体重减轻 40% 也不会死亡。但若几天不喝水，我们的皮肤要丢失水，排尿要丢失水，当失去的水分仅占体重的2%时，就会出现口渴、少尿；当失水达到体重的10%以上时，可出现烦躁、眼球内陷、皮肤失去弹性、全身无力、血压下降；当失水超过体重的20%时，人就会死亡。由此可见，水也是人体必不可少的营养素之一。

那是不是水喝得越多越好呢？当然也不是，若摄入水的量超过机体排出水的能力，就会导致体内水过量甚至引起水中毒。摄入水过量时，可因脑组织水肿、脑细胞肿胀、颅内压增加而引起头痛、恶心、呕吐、记忆力减退，甚至出现精神迟钝、恍惚、昏迷、惊厥等症状，严重者可导致死亡。

7. 膳食纤维

除了以上六种营养素外，目前很多学者将膳食纤维称为第七种营养素。膳食纤维是一种多糖，不能被胃肠道消化吸收，也不能产生能量。但它可以增强饱腹感，减少人体热量摄入；抑制脂肪的吸收，避免脂肪囤积；维持肠道健康，提高免疫力；促进钙质吸收，抑制脂肪合成；减轻便秘，排出毒素等功能，受到越来越多关注膳食健康人群的青睐。

职业体验

我是营养小卫士

营养素是人体正常发育与身体健康的重要保障，膳食中营养素的摄入要均衡，不能过多，也不能太少，各种营养素的摄入量要与需求量相匹配，以避免营养摄入不平衡而引发疾病。下面三个表列出了三大能量营养素摄入不均衡可引发的健康问题，以及维生素和矿物质缺乏可引发的健康问题。假设你现在是临床营养科的医生，请对身边的同学或亲友进行访谈，了解其饮食构成，并结合他们的症状初步判断其日常膳食存在的问题。

表2–1　三大能量营养素摄入不均衡可引发的健康问题

营养素	摄入不足	摄入过量
碳水化合物	低血糖，头晕、心悸等	转化为脂肪储存在体内，导致肥胖、高血脂、糖尿病等
脂类	营养不良，身体消瘦	肥胖、心血管疾病、高血压等
蛋白质	消瘦，免疫力下降，贫血，智力发育差，严重者产生水肿等	过量摄入蛋白质机体无法吸收，会增加肾脏的负担，加速肾脏的老化；不利于钙的吸收等

表2–2　维生素缺乏可引发的健康问题

维生素	缺乏可引发的健康问题
VA	皮肤干燥粗糙；免疫力下降；易患口腔炎；眼睛干涩畏光等
VC	牙龈出血；经常流鼻血；免疫力下降；贫血、坏血症等

续表

VD	骨质疏松；易患佝偻病；儿童发育不良；易形成龋齿等
VE	易衰老；毛发易脱落；易感冒；心血管疾病；视力障碍等
VK	牙龈出血；伤口出血不止；经常流鼻血；骨质疏松；关节炎等
VB_1	情绪不稳定；脚气病；肠胃不适；消化不良等
VB_2	口腔溃疡；皮肤发炎；眼睛畏光、视物模糊等
VB_6	精神紧张；情绪暴躁；贫血；动脉硬化等
VB_{12}	贫血；消化不良；疲劳倦怠；精神异常等
烟酸	食欲不振；失眠及疲劳；经常偏头痛；焦虑悲观等
叶酸	贫血；胎儿发育不良；胎儿畸形；精神障碍等

表 2–3　矿物质缺乏可引发的健康问题

矿物质	缺乏可引发的健康问题
钙	发育不良；骨质疏松；烦躁失眠；肌肉抽搐；腰酸背痛等
磷	骨骼发育不良；身体虚弱；生长缓慢；肌肉酸痛；牙龈肿胀等
镁	情绪不稳；心律失常；肌肉抽搐；食欲不佳等
钾	心律不齐；低血糖症状；肌肉无力；呕吐腹泻；身体水肿等
碘	甲状腺肿大；发育迟缓；反应迟钝；胎儿发育不良等
铁	贫血；头晕目眩；免疫力低下；食欲不振；呼吸困难等
锌	免疫力低下；发育不良；食欲不振；生殖功能衰退等
硒	过早衰老；心血管疾病；大骨节病；诱发克山病等

二、平衡膳食

为避免因营养素摄入不均衡而导致健康问题，生活中我们需要做到平衡膳食。那么具体要怎样才能做到平衡膳食呢？为加强居民膳食指导，中国营养学会推出了《中国居民膳食指南》（2016 版），可指导 2 岁以上人群平衡膳食，合理营养。在该指南中有 6 条核心推荐项目，具体内容如下。

1. 食物多样，谷类为主

平衡膳食能够最大程度保障人体营养需要和身体健康，而平衡膳食的基本原则便是食物多样化。一般说来，每天的膳食应包括谷薯类、蔬菜水果类、畜禽鱼蛋奶类、大豆坚果类等。《中国居民膳食指南》（2016 版）建议平均每天要摄入 12 种以上食物，每周 25 种以上食物。在我国，谷类为主是平衡膳食模式的重要特征，每天摄入谷薯类食物 250~400 g，其中全谷物和杂豆类 50~150 g，薯类 50~100 g。总的说来，膳食中碳水化合物提供的能量应占总能量的 50% 以上。

2. 吃动平衡，健康体重

体重是评价人体营养和健康状况的重要指标，吃和动是保持健康体重的关键。各个年龄段人群都应该坚持天天运动，维持能量平衡，保持健康体重。体重过低和过高均易增加疾病的发生率。推荐每周应至少进行 5 天中等强度身体活动，累计 150 分钟以上；坚持日常身体活动，平均每天主动身体活动 6000 步；尽量减少久坐时间，每小时起来动一动，动则有益。

3. 多吃蔬果、奶类、大豆

蔬菜、水果、奶类和大豆及豆制品是平衡膳食的重要组成部分，坚果是膳食的有益补充。蔬菜和水果是维生素、矿物质、膳食纤维和植物化学物的重要来源，奶类和大豆类富含钙、优质蛋白质和 B 族维生素，对降低慢性病的发病风险具有重要作用。提倡餐餐有蔬菜，推荐每天摄入 300~500 g，深色蔬菜应占 1/2。每天吃水果，推荐每天摄入 200~350 g 的新鲜水果，果汁不能代替鲜果。吃各种奶制品，摄入量相当于每天液态奶 300 g。经常吃豆制品，每天相当于大豆 25 g 以上，适量吃坚果。

4. 适量吃鱼、禽、蛋、瘦肉

鱼、禽、蛋和瘦肉可提供人体所需要的优质蛋白质、维生素 A 及 B 族维生素等，有些也含有较高的脂肪和胆固醇。动物性食物优选鱼和禽类，鱼和禽类脂肪含量相对较低，鱼类含有较多的不饱和脂肪酸；蛋类各种营养成分齐全；吃畜肉应选择瘦肉，瘦肉脂肪含量较低。食用烟熏和腌制肉类可增加肿瘤的发生风险，应当少吃。推荐每周吃鱼 280~525 g、畜禽肉 280~525 g、蛋类 280~350 g，平均每天摄入鱼、禽、蛋和瘦肉总量为 120~200 g。

5. 少盐少油，控糖限酒

我国多数居民目前食盐、烹调油和脂肪摄入过多，这是高血压、肥胖和心脑血管疾病等慢性病发病率居高不下的重要因素，因此应当培养清淡饮食习惯，成人每天食盐不超过 6 g，每天烹调油 25~30 g。过多摄入添加糖可增加龋齿和超重发生的风险，推荐每天摄入糖不超过 50 g，最好控制在 25 g 以下。水在生命活动中发挥重要作用，应当足量饮水。建议成年人每天 7~8 杯（1500~1700 mL），提倡饮用白开水和茶水，不喝或少喝含糖饮料。儿童少年、孕妇、乳母不应饮酒；成人如饮酒，一天饮酒的酒精量男性不超过 25 g，女性不超过 15 g。

6. 杜绝浪费，兴新食尚

勤俭节约，珍惜食物，杜绝浪费是中华民族的美德。生活中，按需选购食物，按需备餐，提倡分餐不浪费。同时，选择新鲜卫生的食物和适宜的烹调方式，保障饮食卫生。学会阅读食品标签，合理选择食品。创造和支持文明饮食新风的社会环境和条件，应该从每个人做起，回家吃饭，享受食物和亲情，传承优良饮食文化，树立健康饮食新风。

三、中国居民膳食宝塔

有了膳食指南，在日常膳食中我们就有了参考依据，但在三餐中怎样才能均衡摄入营养，如何确定摄入食物的种类和数量呢？“中国居民膳食宝塔”便是最直观的工具。膳食宝塔形象地告诉我们每日应摄入的食物种类和数量，帮助我们平衡膳食结构，这样不仅能保证均衡全面的营养，而且可以帮助我们保持一个健康的体重。

盐	< 6 克
油	25~30 克
奶及奶制品	300 克
大豆及坚果类	25~35 克
畜禽肉	40~75 克
水产品	40~75 克
蛋类	40~50 克
蔬菜类	300~500 克
水果类	200~350 克
谷薯类	250~400 克
全谷物和杂豆	50~150 克
薯类	50~100 克
水	1500~1700 毫升

图2–1 中国居民平衡膳食宝塔（2016）

1. 宝塔第一层：谷薯类与水

谷薯类是膳食能量的主要来源，也是多种微量营养素和膳食纤维的良好来源。成人每天应摄入谷、薯、杂豆类在 250~400 g 之间，其中全谷类 50~150 g（包括杂豆类），新鲜薯类 50~100 g。

水是生命之源，是膳食的重要组成部分。饮水不足或过多都会对人体健康带来危害，成人每天饮水量至少应达到 1500~1700 mL（约 7~8 杯）。

2. 宝塔第二层：蔬菜水果

蔬菜水果是微量营养素、膳食纤维和植物化学物的良好来源。在膳食指南中鼓励多摄入，推荐成年人每天摄入蔬菜 300~500 g，水果 200~350 g。在摄入的蔬菜中，推荐多摄入深色蔬菜，也就是深绿色、紫色、深黄色、红色等有色的蔬菜，因为深色蔬菜中富含维生素、膳食纤维和植物化学物，对人体健康有益。

蔬菜与水果虽处在膳食宝塔同一层，但二者各有优势，要兼顾摄取，不能相互替代。水果需摄入新鲜水果，特定条件下，新鲜水果供应不足时再选取含糖量低的纯果汁或干制水果。

3. 宝塔第三层：鱼、禽、肉、蛋等动物性食物

动物性食物是人类优质蛋白、脂类、脂溶性维生素、矿物质的良好来源。但是动物性食物含有一定量的饱和脂肪酸和胆固醇，所以要适当控制摄入量。成人可每天摄入畜禽肉类 40~75 g，鱼虾类 40~75 g，蛋类 40~50 g。若条件允许，可多摄入鱼虾类

水产品替代一部分畜禽肉类，以减少脂肪的摄入量。在摄入蛋类时，推荐每天一个鸡蛋（约 50 g），吃鸡蛋时不能弃蛋黄，因为蛋黄中富含胆碱、维生素 A、卵磷脂、胆固醇、叶黄素、锌、B 族维生素等，对人体健康有益。

4. 宝塔第四层：乳类、大豆和坚果

乳类含丰富的优质蛋白质、维生素和矿物质，钙的利用率也高于其他食材，食用方便，建议每人每日摄入 300 g 的奶及奶制品。

大豆包括黄豆、黑豆、青豆，常见的豆制品包括豆腐、豆浆、豆腐干等，其营养丰富，是我国居民膳食中重要的优质蛋白质来源，还含有很多有益健康的成分。坚果包括花生、核桃、葵花籽、杏仁等，部分坚果的蛋白质与大豆相似，富含必需脂肪酸和必需氨基酸，是食物多样化的良好选择，建议每人每天摄入大豆及坚果类食物 25~35 g。

5. 宝塔第五层：烹调油和盐

油、盐作为烹饪调料，建议尽量少用。成人每天摄入烹调油 25~30 g，食盐摄入不超过 6 g。烹调油包括花生油、豆油、菜籽油等植物油和猪油、牛油、黄油等动物油。膳食中烹调油要多样化，经常更换种类，以满足人体对各种脂肪酸的需要。此外，我国居民食盐用量普遍偏高，盐和高血压的关系密切，在日常膳食中应注意限制盐的摄入量。

6. 运动

运动是保持身体健康的重要手段，应养成天天运动的好习惯，推荐成人每天进行至少相当于快步走 6000 步以上的身体活动，每周最好进行 150 分钟中等强度的运动，如跑步、骑车等。

课外探究

你一定知道 5 月 20 日是个特别的日子吧，它还是中国学生营养日。每年的营养日都会有不同的主题，如“均衡营养 健康成长”“师生健康 中国健康”“合理膳食 倡三减，良好习惯促三健”等，请围绕某一主题开展营养科普宣传活动，传播营养学知识，引导更多的人关注营养与健康。

职业探索

营养师

随着社会的发展，营养学受到越来越多国家的重视，关于营养学的工作成为新兴的热门职业。营养师是饮食健康、营养缺乏病预防和疾病营养治疗方面的专家，他们在家庭、医院、学校、保健中心、

食品企业等机构进行制定饮食营养指南、设计制作治疗和保健食谱、食品开发等工作，在促进人群健康和疾病康复等方面，发挥了很重要的作用。按服务对象不同，营养师又可分为以下几种。

临床营养师：主要从事与疾病有关的营养工作，为病人制订合理的膳食，设计适合不同病人的食谱等，主要在医院工作，又常称为营养医师。此类营养师多毕业于医学院或医科大学的预防医学专业。

公共营养师：工作与公众有关，主要从事营养知识的传播、群体性的营养调查、各种与营养相关的社会活动策划等，与营养知识宣传教育有关的影视文学作品策划也是其工作的内容，其工作内容多为生产营养知识之类的无形产品。

食品营养师：主要在食品企业工作，主要负责协助企业进行食品开发，促进企业生产出营养价值更高或营养搭配更好的食品。

餐饮营养师：主要从事与餐饮有关的营养工作，如营养配餐方案、营养食谱的开发、营养配餐员的培训、餐饮服务人员的培训等。

运动营养师：为运动人员提供营养指导的营养师。职业运动员或运动爱好者，他们的运动量较普通人大，其营养需求与常人有较大的不同。所以该类人群的营养有特殊的需求，应该有专业的运动营养师进行指导。

第二节
青少年饮食习惯调查活动

问题探讨

某高校大四女生因饮食没有节制，在学校寝室暴饮暴食，后因胃部疼痛难忍并伴随抽搐，让同寝室同学拨打120求救，女生被送往医院后，不治身亡。据介绍，这名女生晚上用电饭煲蒸了满满一锅米饭，她所吃的饭菜共约1.5 kg。吃完晚饭后，这名女生又在座位上吃零食和水果，前后吃了5个多小时。因饮食没有节制，女生的胃最终被撑破，后送医院抢救无效死亡。除了暴饮暴食，你还知道哪些不良饮食习惯？在青少年人群中普遍存在哪些不良饮食习惯？不良的饮食习惯会对人体健康造成哪些危害呢？

少年强则国强，营养好则少年强。青少年时期是体格和智力发育的关键时期，也是行为和生活方式形成的重要时期。青春期人体生长速度加快，对营养素的需求量增加，充足的、均衡的营养摄入是青少年身体健康的重要保障，也是完成紧张的学习任务和从事体育锻炼的前提条件。营养状况的好坏不仅直接影响到青少年现阶段的身体健康、生长发育、学习效率及免疫能力，还对成年期的身体素质、健康状况甚至社会生活有较大影响。

一、青少年饮食习惯调查活动

良好的营养状况除了要保证均衡的营养摄入外，更需要养成健康的饮食行为习惯。生活中你是否关注过饮食习惯？你知道身边的同学们都有哪些饮食习惯吗？请自行设计或参考“职业体验”中的调查问卷对身边同学的饮食习惯进行调查。

职业体验

关于青少年饮食习惯的调查

亲爱的同学：

为深入了解青少年的饮食习惯，引导青少年养成良好的饮食习惯和健康的饮食行为，我们开展了这次调查活动。本次调查所得数据只用作研究分析，请放心填写，感谢你的支持。

1. 你吃早餐的情况如何？

□ 每天定时吃　□ 偶尔忘记

□ 经常忘记　□ 没有吃早饭的习惯

2. 你早餐一般吃什么？

□ 去食堂吃早餐　□ 零食

□ 自己准备牛奶、面包等早餐　□ 其他

3. 你是否注意荤素的合理搭配？

□ 荤菜多素菜少　□ 素菜多荤菜少

□ 荤素各一半　□ 全荤菜　□ 全素菜

4. 在日常就餐中，你会根据营养价值去挑选食物吗？

□ 一直都会　□ 经常会

□ 很少会　□ 完全不会

5. 在日常生活中，你更喜欢以下哪种饮品呢？

□ 白开水　□ 碳酸饮料　□ 果汁类饮料

□ 功能性饮料　□ 奶茶　□ 其他

6. 你吃零食的频率是怎样的呢？

□ 每天都吃甚至代替主食　□ 每天都吃但吃得不多

□ 偶尔吃但不多吃　□ 从来不吃

7. 你经常吃街边的小吃烧烤、麻辣烫或油炸食品吗？

□ 经常吃　□ 偶尔路过的时候吃　□ 从来不去吃

8. 你是否有挑食、偏食现象？

□ 有　□ 有，但不严重　□ 没有

9. 你的日常饮食规律吗？

□ 规律　□ 上学时规律，放假时不规律

□ 不规律

10. 你对自己饮食习惯的态度是？

□ 很注意，时常关注　□ 偶尔关注　□ 从来不关注

本次调查到此结束，再次衷心感谢你的支持。祝你生活、学习愉快！

二、青少年的不良饮食习惯

目前青少年主要有以下不良饮食习惯。

1. 不重视早餐，甚至不吃早餐

早餐是上午营养素和能量的主要来源，与学习效率息息相关。在一日三餐中，早餐提供的能量应占全天能量的 30%，提供的营养素应该达到每日营养素供给总量的 25%，只有满足这些条件的早餐才能称之为营养早餐。但是目前很多学生不吃早餐或不认真吃早餐，这会影响到身体的正常发育与学习的效果（如引发低血糖会影响记忆力，长期不吃早餐还会诱发胃炎、胃溃疡等）。

2. 偏好荤菜，荤素搭配不合理

有些同学不注重合理的膳食结构，仅凭自己喜欢的口味选择饮食，偏爱香辣或油炸食品或偏爱荤菜，不吃或少吃素菜，这也导致许多学生出现营养不良或营养过剩。

3. 吃零食的现象较普遍

青少年吃零食较为普遍，甚至不少人以零食代替正餐。经常吃零食，会使胃肠道长期处于紧张状态，血液大量集中于胃肠道，致使脑部供血不足。同时，青少年所选择的零食多为油炸类或膨化类食品，可能含有反式脂肪酸，对健康不利。

4. 爱喝各类饮料而不喜欢喝白开水

青少年偏爱碳酸类饮料或果汁糖类饮料，这些饮料中含糖量偏高，易导致肥胖；碳酸饮料过多摄入也会影响钙质的吸收。此外，饮料中不同程度的使用了甜味剂、色素、香精和防腐剂等添加剂，不宜长期饮用。

三、青少年健康饮食习惯的养成方式①

1. 养成良好的饮食习惯

（1）饮食规律

日常膳食中，食物选择应多样化，不偏食挑食，确保营养全面。应经常食用含钙丰富的奶及其制品、大豆及其制品等，促进骨骼的发育；经常摄入瘦肉、猪肝、血旺等含铁丰富的食物，并搭配富含维生素 C 的蔬菜和水果等，促进铁的吸收，避免出现缺铁性贫血。

三餐饮食应清淡，少吃高盐、高糖或高脂肪的食品。进餐时间要相对固定，进餐时细嚼慢咽。对于一日三餐的分配，一般是 3 ∶ 4 ∶ 3 的比例，即早餐提供的能量占全天总能量 30% 左右，午餐占 40% 左右，晚餐占 30% 左右。因为午餐在一天中起着承上启下的作用，所以要吃饱吃好，晚餐则需适当少吃一点。

（2）吃好早餐

养成吃营养早餐的好习惯，早餐的品种应丰富，以保证充足的营养摄入。按膳食指南的指导，一顿营养充足的早餐至少应包括以下三类及以上食物。

谷薯类：谷类及薯类食物，如馒头、花卷、面包、米饭、米线、红薯等；

肉蛋类：鱼、禽、肉、蛋等食物，如鸡蛋、猪肉、牛肉、鸡肉、鱼肉等；

奶豆类：奶及其制品、大豆及其制品，如牛奶、酸奶、豆浆、豆腐脑等；

果蔬类：新鲜蔬菜、水果，如西红柿、菠菜、西兰花、黄瓜、苹果、香蕉、梨等。

（3）天天喝奶

青少年时期对钙的需求量很大，而奶制品的钙含量丰富且易于吸收。为满足骨骼生长的需要，每天要摄入 300 mL 以上的奶制品，如鲜奶、酸奶、奶粉等；同时要吃

---

① 中国营养学会．中国居民膳食指南 2016[M]．北京：人民卫生出版社，2016.

富含维生素 D 的食物，并加强体育锻炼，以促进钙的吸收和利用。

（4）足量饮水

对于青少年来说，每日要确保饮水总量达到 1100~1400 mL。饮水方式要科学，可采取少量多次的饮用方式，如在每个课间喝水，每次喝 100~200 mL 左右。在天气炎热或运动量较大时，还需适当增加饮水量。

2. 健康饮食行为

（1）合理选择零食

应科学选择零食，如选择奶制品、水果、坚果等营养丰富的食物作为零食，避免选择高盐、高糖、油炸食品。零食的摄入量要适宜，不能代替正餐，也不能影响正餐的摄入量。一般来说，饭前 / 后 30 分钟、睡前 30 分钟均不宜吃零食，在吃零食时也不宜边看电视边吃或边玩边吃。

（2）不喝或少喝含糖饮料，更不能用饮料替代白开水

大多数的饮料中含有大量糖，糖分过多摄入会引发龋齿和肥胖，要尽量少喝或不喝含糖饮料，更不能用饮料替代白开水。在选择饮料时，要学会查看食品标签中的营养成分表，尽量选择不含糖或含糖量低的饮料。

（3）合理选择快餐

大多数快餐制作过程会用较多的油、盐、味精等调味料，宜少吃快餐；若要选择快餐，应尽量选择搭配蔬菜水果丰富的，低热量、低脂肪、低糖的快餐食品。膳食中，若某一餐食用含油炸食品较多，则可在其他餐次适当减少主食和动物性食物的食用量，多吃新鲜蔬菜水果。

（4）不偏食节食、不暴饮暴食

生活中切不可为减肥盲目节食，或采用极端的减肥方式控制体重。同时，也要避免暴饮暴食，做到规律进餐。如果有挑食、偏食的，也应纠正这些不良行为，适当调整饮食结构，增加食物多样性。

| 课外探究 |

通过本节内容的学习我们知道了青少年的不良饮食习惯及改善方法，你能进一步设计相关活动，将理论知识运用到实际生活中吗？中国科学技术协会、教育部等部门每年都会联合举办“青少年科学体验调查活动”，其中有“科学饮食　健康生活”的主题活动。请以青少年的饮食习惯或饮食健康为主线设计并开展科学体验和科学探究活动，搜集整理相关材料和数据，进行数据统计与分析，形成调查报告，提出合理化建议。

职业探索

健康管理师

健康包括机体健康和心理健康两个方面。健康管理师是从事营养和心理健康的检测、分析、评估，以及健康咨询、指导和危险因素干预等工作的专业人员，是营养师、心理咨询师、体检医生、预防医学医生、健康教育专家、医学信息管理人员的综合体。主要从事的工作内容包括：采集和管理个人或群体的健康信息；评估个人或群体的健康和疾病危险性；进行个人或群体的健康咨询与指导；制订个人或群体的健康促进计划；对个人或群体进行健康维护；对个人或群体进行健康教育和推广；进行健康管理技术的研究与开发；进行健康管理技术应用的成效评估等。

第三节
营养食谱设计

问题探讨

案例：某中学生，男，16岁，身高176 cm，体重92 kg，体质指数（BMI）为29.7，属于肥胖型体型。为了不让体重继续增加，他对饮食进行了严格控制，凡是淀粉含量高的食物都不吃，例如：米饭、面条、包子、馒头等，晚上加餐都是以肉、蛋、奶、虾、鱼等富含蛋白质的食物和蔬菜为主。坚持了四个月，这名同学的体重没有减少，却患上了厌食症。

请同学们思考一下，他的饮食合理吗？你也有类似的情况吗？

一、食谱设计的目的

人的身体和智力发育与营养的摄入密切相关。如何根据身体需求来合理膳食？食谱编制是合理营养的具体措施，是社会营养的重要工作内容。食谱编制是将“中国居民膳食指南”和“推荐的每日膳食中营养素供给量”具体落实到用餐者的每日膳食中，使其按照自身的营养需要摄入合理的热能和各种营养素，以达到平衡膳食、合理营养的目的。

近年来，我国居民健康水平持续改善，居民主要健康指标优于中高收入国家平均水平，从人均寿命历史数据来看，1960年至2015年，56年间国民的人均寿命提高了32.64岁，增幅达75%。但是我们必须清醒地认识到，肥胖、高血压、糖尿病、高脂血症和冠心病等慢性病在我国高发态势明显，并呈现低龄化、年轻化趋势[①]。这些疾病很大程度上与长期的饮食不当有关。研究发现偏食和过度摄入食物、果汁饮料、酒水等，都会给我们自身的消化系统带来沉重负担，进而造成营养不良、肥胖等健康问题。2016年全球疾病负担研究指出，饮食因素导致的疾病负担已经成为影响健康的重要危险因素。

值得注意的是，优质蛋白的摄入，可以提高大脑的长期记忆力。中学生膳食存在的主要问题是优质蛋白摄入偏少，脂肪摄入过高。在我们体内，蛋白质代谢产物必须经肝、肾进一步代谢，过多非优质的蛋白质代谢会加重肝、肾等器官的负担；脂肪等能源物质摄入比例过大，是造成青少年肥胖的主要原因，脂肪代谢耗氧量在

① 张宇．合理膳食应从改变膳食模式出发[J]. 人口与健康，2019, 12: 91-92.

糖类、脂肪、蛋白质这三类产热营养素中属于最高，高达 9 kcal/g。脂肪摄入过量无形中减少碳水化合物的供能比例，这样的后果就是过量的脂肪在体内消化不完全，使机体出现酸中毒。

由此看来，合理膳食尤为关键。所谓合理膳食是按照不同年龄、身体活动和身体状况，来确定三餐食物搭配和比例，以最大限度地保障人体营养与健康需要。食物多样、规律饮食、食饮有节是保证营养均衡和身体健康的基础。青少年正处于身体发育的飞跃期，代谢旺盛，内分泌活跃，体型也在发生很大变化，有研究表明，在 12~18 岁这一阶段，人的体重大约增加 20~30 kg，身高平均增加 28~30 cm，有的人更多些。在此阶段，身体发育需要足够的能量和营养素，繁重的脑力劳动和大量的体育锻炼也在消耗大量的能源物质。要想做到合理膳食，确定好三餐搭配，科学、营养的食谱就尤为重要。

二、营养食谱设计应把握的原则

1. 设计原则

（1）符合平衡膳食原则，能满足就餐者对营养、能量的需求，符合卫生质量标准。

（2）按时定量供给的进餐制度，有计划地将食物合理分配到一日三餐。

（3）食物品种多样、色香味俱全，做到有主有副、粮有精有粗、有荤有素（荤指肉类，肉类富含蛋白质，尤其是鱼肉，可以适当多摄取）、有干有稀（干食是指米饭、馒头等主食，稀食是指米粥、菜汤、蛋汤等主食或副食）。食品的种类和烹调方式经常调换，可增进食欲，提高身体对食物的消化吸收。

（4）考虑季节和市场供应，同时还需要兼顾经济条件。

2. 注意事项

（1）早餐食物的选择量不宜过多，主食以一到两种为宜。要有牛奶或鸡蛋，蔬菜也是不可少的，早餐时身体内较缺水，因此要有一定的水分供给，但水分含量也不宜太多。

（2）午餐的主食可以选择一到两种，副食的品种可略多于早餐、晚餐。

（3）晚餐要清淡，荤素搭配，主食一到两种。

三、食谱设计的步骤

食谱设计的方法很多，例如计算法设计食谱、食物交换份法设计食谱、配餐软件法设计食谱，下面我们采用计算法进行青少年营养食谱的设计。

1. 确定青少年全日能量的供给量

全日能量的供给量可参照中国居民膳食营养素参考摄入量，并根据用餐者的劳动强度、年龄、性别等确定总的能量供给量。就青少年而言，不同年龄段、不同性别人群的膳食营养能量需要量如表 2–4 所示。

表 2–4　中国青少年膳食营养能量需要量[①]

单位：kcal/d

年龄或体力活动	11~13 岁青少年		14~17 岁青少年	
体力活动 PAL	男	女	男	女
轻	2051	1800	2500	2000
中	2349	2051	2849	2299
重	2600	2299	3200	2550

2. 计算宏量营养素全日应提供的能量

蛋白质、脂肪和碳水化合物是能量的主要来源，这三种能量营养素占总能量供给比例适宜才能维持人体的健康。一般是碳水化合物占 55%~65%，蛋白质占 10%~15%，脂肪占 20%~30%。在确定好全日能量的供给量后，结合营养素的供能比可计算得到营养素每日应提供的总能量。以 14~17 岁轻体力劳动的女生一日能量的供给量 2000 kcal 为例进行计算：

蛋白质　　　2000 kcal×15%=300 kcal

脂肪　　　　2000 kcal×25%=500 kcal

碳水化合物　2000 kcal×60%=1200 kcal

3. 计算三种能量营养素的每日需要量

将三大营养素的能量供给量折算为具体质量的需要量，这是决定食物品种和数量的重要依据。1 g 蛋白质产生能量为 16.7 kJ（4.0 kcal），1 g 脂肪产生能量为 37.6 kJ（9.0 kcal），1 g 碳水化合物产生能量为 16.7 kJ（4.0 kcal）。据此，我们可以计算出三大营养素的每日需要量，计算方法如下：

蛋白质　　　300 kcal ÷ 4 kcal/g=75 g

脂肪　　　　500 kcal ÷ 9 kcal/g≈56 g

碳水化合物　1200 kcal ÷ 4 kcal/g=300 g

4. 计算三种能量营养素的每餐需要量

知道三种能量营养素全日需要量后，就可根据三餐的能量分配比例计算出每餐需要量。一般三餐能量的适宜分配比例为：早餐占 30%、中餐占 40%、晚餐占 30%。据此可计算出各餐需要摄入的三种能量营养素的数量。需注意的是，这里的三大营养素指的是纯粹的蛋白质、脂肪和糖类，例如一个鸡蛋 60 g，只含有 8 g 的蛋白质。

早餐：蛋白质 75 g×30%=22.5 g　　　　脂肪 56 g×30%=16.8 g

　　　碳水化合物 300g×30%=90 g

① 中国营养学会. 中国居民膳食营养素参考摄入量（2013 版）[M]. 北京：科学出版社，2014.

中餐：蛋白质 75 g×40%=30 g　　　　脂肪 56 g×40%=22.4 g

碳水化合物 300 g ×40%=120 g

晚餐：蛋白质 75 g×30%=22.5 g　　　　脂肪 56 g×30%=16.8 g

碳水化合物 300 g ×30%=90 g

5. 主副食品种、数量的确定

（1）主食品种、数量的确定。

由于粮谷类是碳水化合物的主要来源，因此主食的品种、数量主要根据各类主食原料中碳水化合物的含量确定。

早餐应含碳水化合物 90 g，若以小米粥和馒头为主食，并分别提供 20% 和 80% 的碳水化合物，已知每 100 g 小米粥含碳水化合物 8.4 g，每 100 g 馒头含碳水化合物 44.2 g，则所需小米粥重量 =90×20% ÷（8.4/100）≈214 g，所需馒头重量 =90×80% ÷（44.2/100）≈163 g。

（2）副食品种、数量的确定。

计算主食中含有的蛋白质重量，用应摄入的蛋白质重量减去主食中蛋白质重量，即为副食应提供的蛋白质重量。设定副食中蛋白质 2/3 由动物性食物供给，1/3 由豆制品供给，据此可计算出各自蛋白质供给量。再根据食物中的蛋白质含量分别计算出各类动物性食物及豆制品的供给量。

蔬菜的品种和数量可根据不同季节市场供应情况及考虑动物性食物搭配需求来确定。通常每人每天所吃的蔬菜总量，应该能基本满足维生素和矿物质的需要，特别是钙、铁和主要靠蔬菜供给的胡萝卜素、维生素 B_2 和维生素 C。一般每天有 500 g 左右蔬菜即可，其中最好 50% 是绿叶蔬菜；此外，黄色、橙色、红色的蔬菜也应尽量食用，品种越多越好，最好每天有 3~5 种。

以上述计算结果为例，对其午餐进行搭配。已知该就餐者午餐应含蛋白质 30 g、碳水化合物 120 g，假设以米饭、馒头为主食，并分别提供 50% 的碳水化合物。查表知，每 100 g 米饭和馒头分别含碳水化合物 25.9 g 和 44.2 g，则米饭和馒头所需重量分别为 232 g 和 136 g。

已知 100 g 米饭含蛋白质 2.6 g，100 g 馒头含蛋白质 6.2 g，则主食中提供的蛋白质质量 =232 g ×（2.6/100）+ 136 g×（6.2/100）=14.5 g，副食中蛋白质含量 =30 g−14.5 g=15.5 g。

设定副食中蛋白质的 2/3 来源于动物性食物，1/3 来源于豆制品，则动物性食物应含蛋白质重量约为 10.3 g，豆制品应含蛋白质重量约为 5.2 g。

若选择的动物性食物和豆制品分别为猪肉（脊背）和豆腐干，每 100 g 猪肉（脊背）中蛋白质含量为 20.2 g，每 100 g 豆腐干的蛋白质含量为 15.8 g，则猪肉（脊背）重量 =10.3 g ÷（20.2g/100）≈51 g，豆腐干重量 =5.2 g ÷（15.8 g/100）≈33 g。

需要注意的是计算出的食物的重量是指可食用部分的重量。计算出各种食材的需要量后，便可制作带量食谱，并进行食物加工制作。加工时要注意当地饮食习惯，注重烹调方法，减少营养损失，做到饮食色、香、味美，质地宜人，形态优雅。

此外，根据青少年的能量需求、营养需求，可以设计多种营养食谱，依据营养学知识亦可对食谱进行营养分析，如表 2–5 所示。

表 2–5　青少年简易营养食谱的设计及营养分析

餐型	食谱	原料	食量（g）	能量（kcal）	蛋白质（g）	脂肪（g）	碳水化合物（g）	供能比（%）		
								蛋白质	脂肪	碳水化合物
早餐	馒头	富强粉 120 g	464	773	28.02	23.12	102.7	14.5	27	53
	鸡蛋	鸡蛋 50 g								
	牛奶	牛奶 250 g								
	花生炝西芹	花生仁 20 g、西芹 22 g、植物油 2 g								
午餐	二米饭	大米 150 g、黑米 30 g	590	983	39.63	28.51	151.9	15	25	62
	鲜蘑鱼片	鲜蘑 56 g、鱼片 45 g								
	番茄炒鸡蛋	西红柿 60 g、鸡蛋 10 g								
	排骨萝卜汤	排骨 45 g、萝卜 100 g								
	炝炒菠菜	菠菜 80 g、植物油 14 g								
晚餐	米饭	大米 170 g	589	978	34.25	23.91	140.5	14	22	57
	青椒五花肉	青椒 100 g、五花肉 30 g								
	酸菜大白菜	大白菜 125 g								
	虾皮豆腐汤	虾皮 25 g、豆腐 45 g、植物油 14 g								
	苹果	苹果 80 g								
供给量			1643	2734	101.9	75.5	395.1	14.9	24.9	57.8
推荐量			1620	2700	101	75	405	15	25	60

四、周食谱举例

以食谱设计的知识为理论基础，我们可以设计日食谱、周食谱、月食谱等，表 2–6 是某校的周食谱，供同学们参考。

表 2-6　周食谱举例

星期一	早餐：牛奶、馒头（包子）、白水鸡蛋 早点：苹果 午餐：土豆烧排骨、肉末豆角、麻酱菠菜、白萝卜丝汤、米饭 晚餐：酱牛肉、清炒西胡瓜、花生海带棒骨汤、米饭
星期二	早餐：小米南瓜粥、酱肉包、白水鸡蛋 早点：水果 午餐：莲藕烧鸡块、家常飘儿白、冬瓜玉米排骨汤、米饭 晚餐：蔬菜肉丝面条、凉拌猪肝、紫菜蛋花汤
星期三	早餐：纯牛奶、蔬菜包、肉末蒸蛋 早点：水果 午餐：家常豆腐、菜花炒肉丝、冬瓜肉丸汤、米饭 晚餐：清炒笋片、手撕鸡肉、海带排骨汤、土豆焖米饭
星期四	早餐：瘦肉粥、土豆丝、五香鹌鹑蛋 早点：水果 午餐：鱼香肉丝、金钩白菜、萝卜丸子汤、南瓜米饭 晚餐：猪肉水饺、青菜豆腐汤、蒸山药
星期五	早餐：纯牛奶、鲜肉包、凉拌黄瓜、水煮鸡蛋 早点：水果 午餐：香煎三文鱼、酸辣白菜、西红柿鸡蛋汤、土豆焖米饭 晚餐：咖喱鸡肉焖饭、凉拌黄瓜木耳、酸萝卜老鸭汤
星期六	早餐：杂粮粥、清炒白菜、肉末蒸蛋 早点：水果 午餐：芸豆焖猪蹄、辣椒炒豆干、紫菜虾皮汤、紫薯米饭 晚餐：清蒸鲈鱼、清炒冬瓜、青菜瘦肉粥
星期天	早餐：燕麦粥、青菜包、五香鹌鹑蛋 早点：水果 午餐：芦笋虾仁、肉末豇豆、醋熘大白菜、南瓜米饭 晚餐：馄饨、凉拌豆腐黄瓜

五、小结

食谱的编制涉及一系列理论知识，并不是随意臆想的。在日常生活中应该尽量注意饮食的营养性，控制好摄入量，不要过量或过少食用，注意膳食营养素的最适供给量与自身体力劳动量和能量消耗的统一。好吃、好喝、好长、好生活是我们每个人都希望达到的，但是这个“好”字的学问很多，这便要求我们要有一定求“好”的能力。学会营养食谱的编制是十分有必要的，它与我们的日常生活密切相关，是我们求“好”的必经之路。

课外探究

通过本节内容的学习，我们了解了合理膳食的必要性以及营养食谱的科学设计方法，请同学们学以致用，分析家庭成员的饮食是否合理，存在哪些危害身体健康的不良习惯？选择其中一位家庭成员，根据他的身体状况，设计一份适合他本人的一日健康营养食谱。

第四节
营养餐制作活动

问题探讨

俗话说得好："人是铁，饭是钢，一顿不吃饿得慌。"在现代社会，吃得饱、吃得好已不是什么问题，但如何才能吃得营养，吃得健康呢？饮食与健康相辅相成，合理的饮食可预防多种疾病的发生。你知道各类疾病人群的饮食注意事项吗？你能为他们制作爱心营养餐吗？

科学合理的营养膳食能有效改善营养状况并增强抵抗力，也有助于疾病的预防和治疗。当然，不同的人群，对饮食的需求也不同。

对于高血脂、高血压的人群，在选择食物时，应遵循少糖、少油、少盐的原则。主食上宜多摄入糙米、玉米、燕麦、莜面、红薯、魔芋等富含膳食纤维的食物，以有效阻碍胆固醇的吸收。对于蛋白质的选择，最好选高蛋白低脂肪的优质蛋白，如低脂牛奶、鸡蛋、优质豆制品、新鲜的鱼等，尽量避免或减少肥肉、畜肉的皮、动物内脏（胃、肠）、加工肉类（香肠、火腿、肉肠）等的摄入，因为这些食物能量高，过多摄入容易引起肥胖，而肥胖又是高血压、高血脂等形成的重要危险因素。此外，建议每日摄入具有降脂效果的苹果、山楂、猕猴桃、梨、柑橘、洋葱、大蒜、香菇、木耳、大豆及其制品等，有助于控制血脂水平。

糖尿病是老年群体常见的慢性疾病，长期的高血糖症状会使代谢功能紊乱，对肾脏、心脏等多种组织器官具有慢性损害作用。合理的饮食是缓解糖尿病症状的基础，在日常饮食中要注意饮食结构，应遵循低脂、低糖、低盐原则，严格控制每日糖分摄入，增加摄入优质蛋白、维生素丰富的食物，确保能量需求，避免低血糖。对于糖尿病人群来说，控制饮食与药物治疗具有同等重要的作用。每天的饮食中既要有碳水化合物的成分，还要有蛋白质和脂肪的成分。营养搭配要合理，一般来说，主食大约占50%~60%，蛋白质占15~20%，脂肪占25~30%。主食粗细搭配，尽量选择燕麦、莜麦、魔芋等谷类及杂粮，整粒大麦、燕麦麸、绿豆挂面、黄豆挂面、全麦面条等；对于白面馒头和精制米饭、糯米饭等要少食用；菜有荤有素，以素为主，荤为辅，素宜选择具有降血糖效果的苦瓜、南瓜、冬瓜、葫芦、菠菜、芹菜、空心菜等；对于血糖控制得好的人群，亦可以在三餐之间少量摄入血糖生成指数低的水果，如苹果、梨、桃子、杨梅、李子、樱桃、柚子等。

痛风人群应少吃嘌呤含量高的食物（每 100 g 食物嘌呤含量大于 75 mg），如带鱼等鱼类、牡蛎等贝类、动物内脏、肉汤等。大型畜肉（牛、猪等）嘌呤含量低于小型禽肉（鸡、鸽等），可适量食用。建议多吃嘌呤含量低的食物，如海参、海蜇、动物血、脱脂牛奶、鸡蛋、精制谷类（富强粉、玉米）、蔬菜（卷心菜、胡萝卜、青菜、黄瓜、茄子、土豆、白菜、南瓜）等。对于蛋白质的选择，以植物蛋白为主，因为植物中嘌呤含量较低，所含嘌呤对人体健康影响不大。

脑力劳动者一般体力活动少，主要从事脑力劳动。人脑在利用能源物质上与其他器官不同，它主要依靠血液中的葡萄糖（血糖）氧化供给能量。不知大家有没有这样的经历，饿肚子的时候往往会伴随头晕的症状，这是因为大脑对血糖极为敏感，当血糖浓度降低时，脑的耗氧量也下降，轻者感到头昏、疲倦，重者则会发生昏迷。因此，一定的血糖浓度对保证人脑复杂机能的完成是十分重要的。另外蛋白质在大脑中含量最高，脑细胞在代谢过程中需要大量的蛋白质来补充更新。脑力劳动者宜选用富含碳水化合物的食品，如大米、面粉、小米、玉米、红枣、桂圆、蜂蜜等；富含优质蛋白质的食物，如蛋类、乳类、鱼类、禽类、瘦肉及大豆类。应减少高糖、高油脂食物的摄入量，增加蔬菜、水果的摄入量，科学安排一日三餐。

职业体验

制作爱心营养餐

【案例一】为糖尿病人群制作营养餐——蔬菜杂粮饼

食材：低筋面粉 100 g、玉米面粉 50 g、鸡蛋 2 个、西葫芦 300 g。

辅料：食用盐、橄榄油、花椒粉、十三香。

工具：一次性手套、烤箱（或者平底锅）、吸油纸、切丝器。

制作过程：

1. 把西葫芦擦成丝，撒上少许食用盐、花椒粉腌制 10 分钟，腌出的水分不需要倒掉。

2. 加 2 个鸡蛋，搅拌均匀。

3. 加入橄榄油、十三香、食用盐（少许即可），搅拌均匀，再加入小麦粉和玉米粉，搅拌均匀（如果有其他的杂粮面粉也可以适量放入）。

4. 带上一次性手套，倒入 5 g 橄榄油，反复抓拌均匀，盖上保鲜膜，静置 10 分钟以上，静置期间将烤箱打开，上下温度调节至 180~200 ℃之间预热 10 分钟。

图2-2 西葫芦擦成丝，腌制

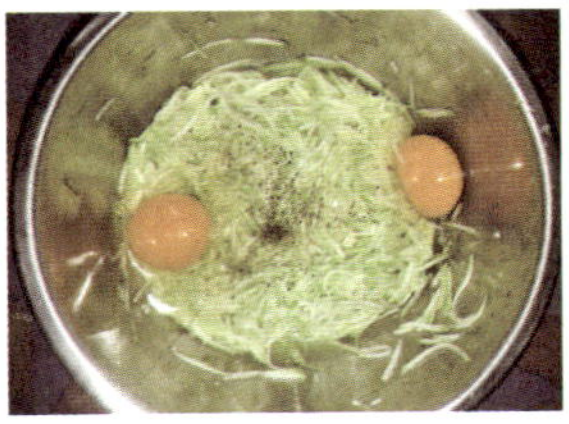

图2-3 加入鸡蛋

图2-4 调制面糊

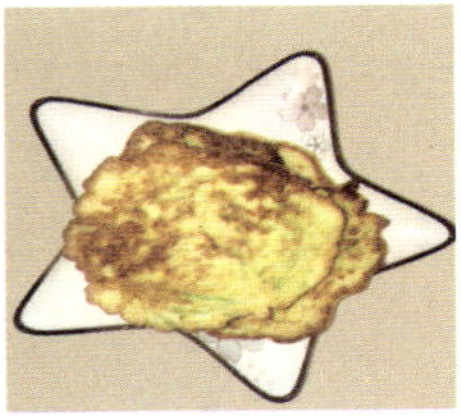

图2-5 蔬菜杂粮饼

5. 带上一次性手套，将面团团成圆饼的形状，放入烤盘，烤 30 分钟即可（烤箱不同，设置的温度，烘烤的时间有差异。也可以使用平底锅烙至两面金黄即可）。

【案例二】为高血压、高血脂、高血糖人群制作营养餐——芦笋炒虾仁

食材：鲜虾 20 只、芦笋 300 g（芦笋热量较低，所含芦丁等成分，可以起到调节血压、血糖、血脂的功效，虾属于优质蛋白质食材）。

辅料：食用油适量，盐少许，料酒适量，大蒜 3 瓣，葱段少许，香油几滴。

制作过程：

1. 虾去头去尾，挑虾线，拨虾壳，加入少许料酒腌制 15~20 分钟。

2. 芦笋去皮后切成 2 cm 左右的小段，锅中放水烧开后放入芦笋断生后捞出，去掉本身的苦涩味道。

3. 蒜剁成蒜末，起锅烧油（少量），油热倒入蒜末、葱段，炒出香味，倒入虾仁翻炒。

4. 虾仁变成白色后倒入芦笋一起翻炒，加入少许盐，搅拌均匀，关火，滴入几滴香油出锅。

图2-6 原材料准备

图2-7 芦笋炒虾仁

【案例三】为消化不佳人群制作营养餐——杂粮粥

食材：黑米、黑豆、枸杞、薏米、红豆、玉米糁、糙米、燕麦、荞麦、花生、小米、大米各两汤勺，葡萄干、枸杞、核桃仁、红枣少许。

工具：高压锅。

制作过程：

1. 准备好食材，将所有食材冲洗干净后放入高压锅内，水量高出食材大约 5 cm，浸泡 8 小时。

2. 浸泡好后，开启高压锅，压 30 分钟左右，自然排气后打开锅盖，这时候浓稠度如果正合适，就可以开吃了，如果觉得水多了，可以放在砂锅里再继续小火熬至适宜浓稠度即可。

图2-8 原材料浸泡过夜

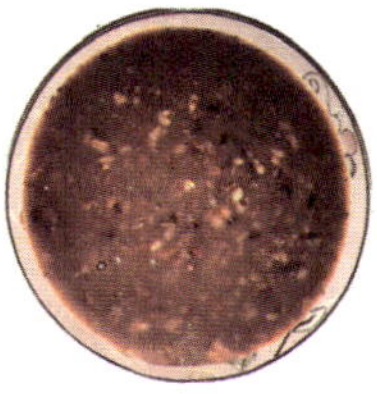

图2-9 杂粮粥

【案例四】为肥胖人群制作营养餐——手撕鸡

食材：鸡腿 3 个，青红椒少许。

辅料：盐、醋、白糖、鸡精、生抽、香油、葱花、香菜末、熟芝麻均少许，蒜末（用少量熟油油泼），橄榄油 5 g（可以不放）。

制作过程：

1. 取 3 个鸡腿清洗干净。

2. 锅中放入凉水，鸡腿放入其中，水要没过鸡腿，加入两片姜片，两个葱段，四瓣大蒜，少许料酒，中火煮沸腾后转小火煮 10 分钟左右，筷子可以戳透鸡腿肉，停火，焖 3~5 分钟。

3. 煮肉期间准备腌料：醋少许，青红椒少许，蒜末（用少量熟油油泼），盐少许，白糖少许，鸡精少许，生抽少许，橄榄油 5 g（可以不放），葱末、香菜末少许，香油 3~5 滴放入小碗中备用。

4. 鸡腿肉出锅自然放凉后用手撕碎。

5. 将腌料放入肉里搅拌均匀，包上保鲜膜后放入冰箱冷藏，2 小时取出撒上熟芝麻，香菜末，即可食用。

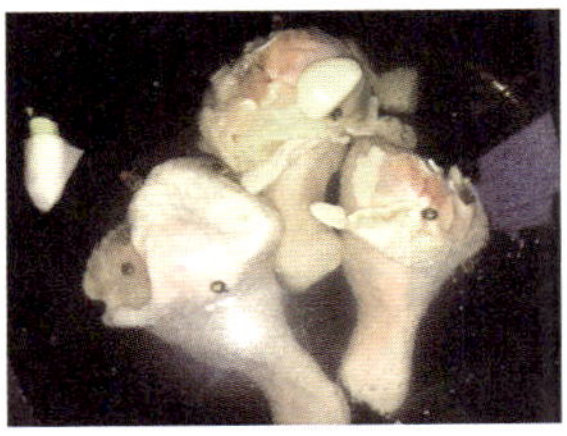
图2–10 鸡腿煮熟

图2–11 准备腌料

图2–12 鸡腿肉撕成丝

图2–13 手撕鸡

注：鸡腿每百克热量约 180 千卡，蛋白质含量较高，烹饪时以清淡为主，忌煎炸后食用。

【案例五】营养餐——拍黄瓜

食材：黄瓜一根。

辅料：盐、蒜、陈醋、味精、香菜末各适量，香油 3 g。

制作过程：

1. 黄瓜洗干净，从头到尾用刀背拍至微碎，切成块状，放到盆中（拍过的黄瓜更入味）。

2. 蒜捣成蒜泥，所有调料放入碗中搅拌均匀，根据自己的口味来调整酸味和咸淡。

3. 将调料倒在切好的黄瓜上面，搅拌均匀，腌制 20 分钟，装盘即可。

食用妙招：黄瓜尾部含有较多的苦味素，有抗癌和防止糖尿病的作用。烹调时不要把黄瓜尾部全部丢掉。

注：肠胃不好的人不宜吃凉拌菜。

图2–14 原材料准备

图2–15 黄瓜拍碎，切块

【案例六】营养餐——番茄烩莜面鱼

食材：莜面 250 g、西红柿 500 g。

辅料：盐、生抽适量，食用油少量，蒜瓣少量，葱段少量。

制作过程：

1. 莜麦面粉放入盆中，加入与面粉等量的开水，用筷子搅拌。

2. 和成面团，揉光滑。

3. 将面团分成大小均匀的小块，每块搓成两头尖的面鱼。

4. 锅中倒入适量的凉水，笼屉上抹上少量的食用油，放入面鱼，上锅蒸大约 5 分钟，取出放凉。

5. 蒸面鱼时，将西红柿洗干净切成块儿，取出炒锅，锅热放入适量的食用油，放入切好的蒜瓣和葱段，放入西红柿翻炒，炒出西红柿汁儿，倒入一碗白开水，小火炖5分钟。

6. 放入蒸好的莜面鱼，翻炒均匀，装盘。

图2-16 和面

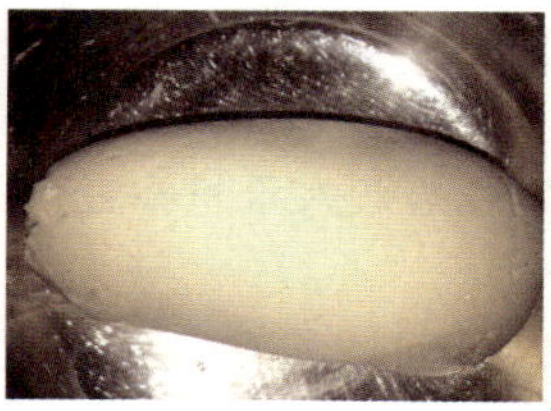

图2-17 揉面

图2-18 搓面鱼

图2-19 番茄烩莜面鱼

注：莜麦面营养丰富，常吃可以缓解高血糖、高血脂症状，在预防心脏病方面有一定的作用。

课外探究

健康中国，你我同行。同学们可以利用周末或假期的时间，针对家人的身体情况，为他们做一道美味、营养、健康的爱心餐。可以参考文中的美食制作方法，也可以参考各种美食 app 中的食谱，结合实际情况优化具体步骤，赶快行动起来吧！

第三章 食品安全

你知道吗，全球每年大约有1000万人死于食源性疾病，农药、化肥的过量使用，工业污染、乱砍滥伐造成的生态环境恶化，以及在食品生产加工环节非法添加非食用物质和不当使用添加剂等，都严重影响食品安全。如何才能保障饮食安全呢？国家食品安全监督管理部门、企业食品安全检测部门、第三方食品安全监测机构为我们的食品安全构建了重重防线，让我们一同去了解目前食品安全的形势，食品安全保障的主要技术手段及食品安全监管存在的难题吧！

第一节
我们身边的食品安全

问题探讨

“民以食为天，食以安为先”，食品是人类赖以生存和发展的物质基础，吃得安全、吃得放心是对食品的基本要求。曾轰动全社会的“三聚氰胺”“红心鸭蛋”“地沟油”等食品安全事故，让食品安全问题成为社会各界关注的焦点。作为中学生的我们应当怎样保证饮食安全，避免食物中毒呢？

你是否听说过食物中毒？吃进嘴里的食物为什么会造成人体中毒？食物中毒是指食用了被有害物质污染的食品或食用了含有有害物质的食品后出现的急性、亚急性疾病。这些有害物质包括生物性污染物和化学性污染物。

一、食物中毒案例

【资料 1】微生物中毒

2014 年 9 月 22 日，某学校学生发生了一起食物中毒事件，根据流行病学调查、临床表现和实验室检验，判定为一起蜡样芽孢杆菌污染奶油泡芙面包引起的食物中毒。原因是学生进食了某位家长购买的奶油泡芙面包。通过对出售奶油泡芙面包的蛋糕房调查发现，制作间无冷藏设备，无防鼠防蝇设施，环境条件一般。并在注奶油工具和剩余奶油中检出致病菌。

2014 年 5 月 15 日，某幼儿园的儿童和职工出现腹痛、腹泻、呕吐、发热、大便为黄色或黄绿色症状，通过对 145 份样品采样调查，鉴定为鼠伤寒沙门菌，菌源食物为当日午餐中的贡丸芹菜汤。

2017 年 6 月 1 日某高校多位学生疑似食物中毒。均有恶心呕吐，呕吐最多 10 次 / 天，腹泻、腹痛、头晕发生率为 33.3%，均无发热，认定是一起蜡样芽孢杆菌食物中毒事件，中毒食品为 6 月 1 日学校西门某美食店中提供的炒饭。6 月 1 日当地气温 21~29 ℃，该美食店上午约 9: 30 用蒸熟的米饭加炒熟的鸡蛋制成炒饭半成品，直接装塑料保鲜盒，用保鲜膜封口置操作台上，待中午客人点餐后再添加胡萝卜、洋葱和火腿和腊肉等进行烹饪加工，单份供应。美食店的炒饭半成品未冷藏，造成细菌大量繁殖，导致食物中毒发生。

以上 3 个起食物中毒事件都是因为食用了被微生物污染的食物，实际上，除了蜡样芽孢杆菌、鼠伤寒沙门菌外，还有很多有害微生物会造成人体食物中毒。这些食物中毒的原因，大多是购买了过期或不符合标准的食材，或是在生产环境不达标的商店购买食物，以及食物加工人员未对食物合理保存等。

【资料 2】亚硝酸盐中毒

2018 年 3 月 30 日，汝城县延寿乡某幼儿园出现 2 例疑似中毒症状学生，其中 1 例已经死亡。调查发现两名幼儿曾分食一包白色粉末，实为 12.5 g 亚硝酸盐，谭某进食多未呕吐，致死；而陈某进食少且呕吐，故抢救成功。

亚硝酸盐中毒事件时有发生，因为它的外观及滋味都与食盐相似，肉类制品中也允许作为发色剂限量使用，所以由亚硝酸盐引起食物中毒的概率较高。食入 0.3~0.5 g 的亚硝酸盐即可引起中毒，3 g 导致死亡。

【资料 3】自制药酒中毒

2018 年 5 月 3 日中午，重庆市璧山区任某在某酒楼举办生日宴，其间饮用了自制药酒，之后有 15 人出现口舌、肢端、全身麻木，恶心、呕吐、心悸等症状，送往璧山区人民医院抢救治疗后，10 人治愈，5 人因中毒较重死亡。检测发现，自制药酒中含有雪上一枝蒿。这种中药材有毒，在民间常用，但多为饮片，研磨服用或外敷。由于酒会促进吸收，加上用量使用不当导致中毒。

很多家庭都会自制药酒，认为可以强身健体，但是如果自己对药材认识不清，又不经过医生指导，或者轻信某些秘方就容易发生中毒事件。

【资料 4】牛奶中毒

2017 年 7 月 24 日，宁夏回族自治区某市多名儿童出现呼吸急促、呼吸困难、站立不稳、呕吐等疑似食物中毒症状。调查确定此次事件为牛奶中违规添加脱氢乙酸钠引起的食物中毒。根据调查，患儿均饮用了丁某销售的袋装牛奶。奶牛养殖户丁某散养 7 头产奶奶牛，无任何销售资质。丁某的牛奶销售给附近居民一年多，近半年每天销售牛奶约 60 kg。2017 年 7 月，丁某购买了食品添加剂脱氢乙酸钠，分别于 19、20、21 日将自产 100 kg 牛奶经过巴氏消毒锅消毒后，利用循环水冷却至 16 ℃，然后加入约 250 g 脱氢乙酸钠进行搅拌后灌装销售。

这是一起违规添加食品添加剂所致的中毒事件。脱氢乙酸钠并未允许添加在牛奶之中。食品安全隐患无处不在，生活中为保障食品安全，切勿随意购买无生产资质的商家生产出来的产品。

【资料 5】野外食材中毒

2018 年 3 月 17 日，梅州市某公司部分员工出现呕吐、腹泻的症状，调查发现是员工自行上山采蘑菇，并烹煮后与另外 14 人共食。之后发现是毒蘑菇——大青褶伞，食用越多，中毒越严重。

2017 年 8 月 29 日，珠海某餐厅 7 名食客同桌共进午餐，进餐 10 分钟后 7 人陆续出现头晕、视物模糊、恶心及呕吐等症状。其中 1 人经医院抢救无效死亡，1 人重症成为植物人。本次事件就是误将断肠草当成五指毛桃煲汤误食而中毒。

2018 年 8 月，杭州市临安区发生一起毒环柄菇和亚稀褶红菇混杂误食中毒事件，患者经过 109 天的治疗后基本康复出院，但后续需要定期做血液透析，预后较差。毒环柄菇和亚稀褶红菇均为近些年毒蘑菇新发物种，毒性大，病死率高，预后差。

以上案例都是由于食用野外食材导致的食物中毒。有可能是擅自采摘食用，有可能是误食。但都给大家提出了警示，对于野外食材，尤其是那些不认识、不了解的食材万万不可轻易食用。

二、食品安全意识调查活动

食物中毒的案例还有很多很多，生活中我们要怎样避免此类情况发生呢？最重要的便是树立食品安全意识，无论是食品生产者还是消费者，都有食品安全意识才能保证食品的安全性。

实践活动

公众食品安全意识调查活动

食品安全关系到我们每一个人的健康。但是，人们的食品安全意识程度如何？对食品安全基本知识的知晓程度如何？不同的人群食品安全意识差异大不大？不妨通过调查来了解一下公众的食品安全意识。

1. 调查对象

调查对象可以选择普通大众、不同年级的学生、食堂从业者等等。

2. 调查方法

采用问卷调查法。

3. 调查问卷设计

从不同的角度设计调查问卷，可参考以下两张调查表。

表 3-1 食品安全基本知识调查表

（1）是否知道食物中毒？	是	不确定	否
（2）是否知道绿色食品，无公害食品，有机食品？	是	不确定	否
（3）是否知道转基因食品？	是	不确定	否
（4）是否知道食品添加剂？	是	不确定	否
（5）是否知道 QS 的含义？	是	不确定	否
（6）是否知道如何预防食物中毒？	是	不确定	否

表 3-2 食品安全意识调查表

（1）您关注食品安全吗?	经常	偶尔	从不
（2）您购买食品会关注保质期吗?	经常	偶尔	从不
（3）您购买路边摊食品吗?	经常	偶尔	从不
（4）您饭前会洗手吗?	经常	偶尔	从不

请同学们自己选定一个调查群体和调查角度并设计问卷进行调查，然后分析数据得出结论。

三、食物中毒预防方法

预防食物中毒需要政府、餐饮机构、加工企业、消费者等共同努力，就政府而言应加强宣传与监管，营造重视食品安全的社会氛围。餐饮机构、加工企业更应遵循食品安全法律法规，严格按照操作规程生产加工食品，保障食品健康与安全。在日常生活中，作为消费者我们应当提高自身的食品安全意识，掌握基本的理论知识，在生活中多观察、多质疑。保障饮食安全，具体来说可以从以下几个方面着手。

1. 烹饪安全要学习

就家庭或个人而言，需要了解导致食物中毒的常见化学因素和生物因素，改变日常生活中的不良习惯。比如要保持手部、烹饪设备和场所的清洁，防止虫鼠和其他动物进入厨房或者接近食物；烹饪和保存食物的过程中生熟一定要分开，因为生的食物可能含有致病的微生物；食物一定要彻底煮熟，这样才能有效杀死致病微生物，吃剩的菜饭不能只图方便稍微热一下，一定要煮透，不能贪图脆嫩而不将四季豆彻底煮熟等；食物要低温保存，因为室温条件下，微生物可迅速繁殖。

2. 外出就餐要“挑剔”

很多学生选购食品时只追求食品的外观或味道，不重视食品的卫生和营养。生活中，经常可见很多学生购买街边小摊的食品或卫生状况很差的小店铺的食品，还时常因为有大群人购买而从众跟风，防范意识进一步被削弱。所以，个人要提高在外就餐的安全意识，如果发现餐馆的卫生条件恶劣，没有相关资质，操作存在不规范的现象，那么为了自身的健康还是“挑剔”一点。

3. 购买食品要留意

每个人都会购买食品，但是通过本节中的案例可以看到一旦购买到过期，假冒伪劣，没有生产资质商家的食品，最终都可能导致严重的后果。轻者是常见的胃肠道反应，严重的甚至造成终生损伤。购买食品的时候不能只关心价格、包装，而要留意食品的保质期，是否损坏或变质，看是否为三无食品（三无是指无生产商、无生产地、无生产日期），若是这样的食品千万不要购买。选购食品的时候，尽量到大型的商场、超市和质量信誉好的商店选购。

4. 自制食物要谨慎

有些家庭会自制一些食物，比如自酿葡萄酒、自制药酒。如果自己没有任何经验，不要盲目制作。因为配比不对，或者操作方法不对时容易出现食物中毒的情况，更不要随便相信一些偏方来制作食物或药物。

5. 陌生食材要忌口

如果自己对于某些野生食材认识模糊，甚至从来没有见过，请不要随意食用。部分有毒的野外食材可能和某种常见食材长相非常相似，普通人根本无法辨识，所以大家更需要提高警惕性，提高自我保护意识。

课外探究

目前很多城市都在积极争取创建“食品安全示范城市”，食品安全需要我们共同守护，请你思考我们可以从哪些方面着手保障食品安全，并尝试设计相关活动方案，为“食品安全示范城市”的创建建言献策。

职业探索

食品安全监督管理

食品安全的监管是全过程监管，包含从农田到餐桌的全过程。2018 年 3 月 13 日，国务院提交全国人大审议的国务院机构改革方案建议将过去分散的工商总局、质检总局等部门的市场监管职能进行整合，组建国家市场监督管理总局。自此方案通过后，全国各地的食品安全监管均纳入各地的市场监督管理局管理。新成立的市场监督管理局中设有专门负责食品安全监管的部门，如食品生产安全监督管理处、食品经营安全监督管理处、餐饮服务监督管理处、特殊食品安全监督管理处、风险管理处、食品安全协调处等，食品安全的监管职责划分更细，责任更明确，统一的领导也更有利于将食品安全的管理落在实处。

第二节
食品添加剂

问题探讨

面包没了膨松剂，便很难发得起来；啤酒没了防腐剂，就存放不了多久；巧克力、冰淇淋不加乳化剂，则性状难以稳定……我们的生活离不开食品添加剂，作为中学生的你知道什么是食品添加剂吗？食品添加剂有哪些？你认为食品添加剂是“天使”还是“魔鬼”呢？

一、初识食品添加剂

生活中你是否思考过，油条中为什么会有气孔？豆浆是如何变成豆腐的？为什么要在食盐中添加碘？

图3-1 油条中的气孔

油条中的气孔是因为加入了无铝泡打粉，豆浆添加盐卤或石膏后便可制成豆腐，食盐加碘是为消除人们摄碘不足所引起的甲状腺肿大等疾病，通常加入碘酸钾。无铝泡打粉、石膏、盐卤、碘酸钾等都属于食品添加剂。

食品添加剂是为改善食品的色、香、味，以及因防腐和加工工艺的需要而加入食品中的化学或者天然的物质。食品添加剂的添加并不是随意的，只有食品添加剂国家标准中规定的物质才能加入食品中，且其加入量也不得超过允许的最大添加量。

二、食品添加剂的历史

食品添加剂是现代食品工业新开发出来的物质吗？当然不是，食品添加剂由来已久。据史书记载，在周朝时期人们便用肉桂增香。肉桂相当于现在的香精香料，只是古代的提取技术没有现在发达，现在用的香精纯度更高。在东汉时期，人们就用凝固剂盐卤来制作豆腐。从南宋开始，“一矾二碱三盐”的食品添加剂配方就应用于油条的炸制中。据《食经》记载，魏晋时期，人们把发酵技术首次运用到馒头的蒸制之中，同时为了解决面发酵后变酸的问题，还产生了添加碱面的技术。在宋朝时，亚硝酸盐作为食品添加剂应用于腊肉生产，其作用是护色和防腐。公元6世纪，农业科学家贾思勰还在《齐民要术》中记载了天然色素用于食品的方法[①]。古人所使用的这些物质其实都属于食品添加剂。

三、食品添加剂的功能

食品添加剂可以防止食品变质，有利于食品保存。有调查数据显示，我国每年生产的果蔬从农田到餐桌约有25%~30%的损失率，而发达国家的果蔬采后损失率仅为5%。降低果蔬采后损失率，除改良储存条件、运输条件外，还可借助食品添加剂，如防腐剂、脱氧剂、涂膜保鲜剂等。食品添加剂中的防腐剂、抗氧化剂可有效延长果蔬及其他容易变质食品的保存期，防止微生物引起食物腐败变质，阻止或推迟食品的氧化变质，以提升食品的稳定性和耐藏性。

食品添加剂有利于食品加工，以适应机械化和自动化生产。在食品加工中使用消泡剂、助滤剂、稳定剂和凝固剂等，可有利于食品的加工操作。如在制作豆腐时，传统工艺一般使用石膏或卤水作为凝固剂，而在工业化生产中使用葡萄糖酸内酯作为豆腐凝固剂，既提高了豆腐的产量，又有利于豆腐生产的自动化和机械化。

食品添加剂可满足人们特定需要。如在口香糖中添加木糖醇可以防止龋齿；在食品中加入非营养型甜味剂可制作成无糖食品，可供糖尿病人食用；在婴幼儿食品中添加维生素、矿物质等营养强化剂可满足婴幼儿生长发育的营养需求等。

食品添加剂还可以改善食品的感官性状，提高食物的质量和稳定性，保持或提高食品的营养价值，增加食品的品种和方便性等。

正因为食品添加剂具有这些优良特性，所以它在食品加工业中被广泛应用，大大促进了食品工业的发展，被誉为“现代食品工业的灵魂”。

四、食品添加剂的种类

食品添加剂按照成分来源可分为天然食品添加剂和人工合成的食品添加剂。天然食品添加剂是利用动植物或微生物的代谢产物等为原料，经过提取所得的天然物质。人工合成的食品添加剂是通过化学反应合成的物质。

根据食品添加剂的功能，可将其分为防腐剂、抗氧化剂、甜味剂、着色剂、护色剂、膨松剂、乳化剂、稳定剂、食品用香精与香料等23种类型。

① 阮光锋.关于食品添加剂你应该知道的历史真相[N].中国食品报，2017-7-14（A3）.

表 3-3 常见食品添加剂

类别	食品添加剂名称
防腐剂	硝酸盐、亚硝酸盐、苯甲酸、苯甲酸钠、山梨酸、山梨酸钾等
抗氧化剂	生育酚、茶多酚、二丁基羟基甲苯、丁基羟基茴香脑、抗坏血酸、抗坏血酸钠等
甜味剂	木糖醇、阿斯巴甜、三氯蔗糖、甜菊糖苷、山梨糖醇、麦芽糖醇等
着色剂	苋菜红、胭脂红、赤藓红、诱惑红、柠檬黄、日落黄、姜黄、β－胡萝卜素、叶绿素铜钠（钾）盐、甜菜红等
香精香料	八角茴香油、肉桂油、丁香酚、苯甲醛、香兰素、丁酸异戊酯、麦芽酚等
乳化剂	大豆磷脂、羟丙基淀粉、单/双甘油脂肪酸酯、乙酰化单/双甘油脂肪酸酯、乳酸脂肪酸甘油酯、柠檬酸脂肪酸甘油酯等
增稠剂	琼脂、海藻酸钠、黄原胶、卡拉胶、明胶、羟丙基淀粉、羧甲基纤维素钠等
营养强化剂	赖氨酸、牛磺酸、各类维生素与矿物质等

对于各种预包装食品，《食品安全国家标准 预包装食品标签通则》（GB 7718-2011）规定了食品标签中应明确标识的内容，对食品添加剂要求按照加入量递减顺序全部标识具体名称，故通过看预包装食品的标签我们可以清楚知晓加入了哪些食品添加剂。

| 实践探究 |

调查生活中的食品添加剂

每天我们会食用各种食物，你是否思考过都食用过哪些食品添加剂呢？也许你会说我都在家或在食堂吃饭，没有食用过食品添加剂。其实除了食品工业生产的预包装食品会使用食品添加剂外，厨房加工的食物也会直接或间接使用食品添加剂。请通过调查活动了解生活中常见的食品添加剂，并查阅资料了解各种添加剂的功能与作用。

表 3-4 厨房食品中的食品添加剂调查

食品	其中的添加剂及功能
食用油	维生素 E（抗氧化剂）
盐	亚铁氰化钾（抗结剂，防止食盐结块） 碘酸钾（营养强化剂，预防预防甲状腺功能亢进）
酱油	谷氨酸钠、5’－呈味核苷酸二钠（增味剂） 三氯蔗糖（甜味剂）
酵母粉	山梨醇酐单硬脂酸酯（乳化剂）
面粉	抗坏血酸（抗氧化剂，防止面粉氧化、变色） 碳酸镁（膨松剂、抗结剂，防止面粉结块）

五、食品添加剂的安全性

近年来，三聚氰胺、苏丹红和瘦肉精等事件，让人们把非法添加物与食品添加剂画上等号，让食品添加剂成了无辜的替罪羊，造成消费者闻“添”色变。事实上，非法添加物不等同于食品添加剂，三聚氰胺、苏丹红和瘦肉精等化工原料是不能添加在食品中的，一些不法商家为了谋取利益，在食品中添加非法添加物代替食品添加剂引发了诸多食品安全问题。为此，国家相关部门已经加强对食品生产企业的监督与管理，确保老百姓的餐桌安全。

生活中我们会接触很多食品添加剂，那么这些食品添加剂是否安全呢？会不会给人体带来健康危害呢？目前使用的食品添加剂大多都是通过化学方法人工合成的食品添加剂，它具有一定的危害性，但在我国《食品安全国家标准 食品添加剂使用标准》（GB 2760–2014）规定了各类食品中食品添加剂的使用原则、允许使用的食品添加剂品种、使用范围及最大使用量。GB 2760–2014 中规定的食品添加剂使用范围是建立在科学的安全风险评估基础上的，在评估时通过动物实验得出的最大无作用剂量的1%~5% 作为每日允许摄入量，再推及到人得出每种食品中含有该物质的最大允许量，即为 GB 2760–2014 中的最大允许使用量。在该规定剂量范围内摄入，无论短期、长期，都不会对人体产生任何明显的，或是潜在的危害。

若食品添加剂会带来安全问题，只可能是不良食品生产企业违反食品安全法律法规，超量、超范围使用食品添加剂，才会导致消费者一次性超量摄入某一种或某几种添加剂，可能会给健康造成很大的危害。

六、学会辨别食品中的添加剂

在选购食品时，我们应选择正规厂家生产的食品，应养成查看食物标签的好习惯。因为正规生产的食品必须标明食品成分和配料等信息，可以通过成分和配料信息了解到加入其中的食品添加剂，应尽量选择食品添加剂少的食品。同时，选购食品时要有质疑精神，学会鉴别食品中是否存在食品添加剂使用不规范的问题，具体说来可以从以下几点着手[①]。

第一，看食品的颜色。食品在运输、加工的过程中会花费很多时间，所以食品的颜色往往得不到有效保障，但消费者在选购食品时又尤其关注食品的外观，商家便会用色素、漂白剂对食品进行处理，以让食物有较好的色彩。但色素、漂白剂这类物质只有适当、适量使用才不会影响食物本身的品质，若超量使用或者用其他的非法物品替代，便会产生食品安全问题。在日常生活中，选购食品时若颜色过于鲜艳，或者跟它本来的颜色有区别，这样的食品最好不要购买。

第二，闻食品的气味。闻食品的气味也能分辨出食品的好坏，尤其是在选购蔬菜、水果等生鲜食品时，新鲜的蔬果都有独特的清香，但如果香味很浓郁或有明显刺鼻的

---

① 徐山，陶红亮. 中国人应该这样品：食品添加剂的功与过 [M]. 北京：化学工业出版社，2016.

味道，那便有可能使用了香精香料或用化学物质对其进行了处理。

第三，问食品的价格。食品的价格也可帮助辨别食品的好坏，因为一分钱一分货，使用廉价的添加剂或者非法添加物时，产品的成本就低，售价自然低。所以大家看到价格明显低于合理价格的食品坚决不能买。

课外探究

酶制剂也是一种食品添加剂，它是从动物或植物中直接提取或用微生物（细菌、放线菌、真菌等）发酵提取制得的具有特殊催化功能的生物制品。从已学的知识我们知道，酶催化的反应具有高效、专一、温和等特性，那么在食品工业中是怎样利用酶来加工生产食品的呢？常见的酶制剂为果胶酶、胃蛋白酶、胰蛋白酶、木瓜蛋白酶、菠萝蛋白酶等。在水果榨汁生产过程中，通常会用到果胶酶，我们可以通过一个实验来了解果胶酶在果汁生产中的作用。

果胶酶在橙汁生产中的作用

【实验原理】

果胶是植物细胞壁以及胞间层的主要成分之一，它是一种高分子化合物，不溶于水。然而，果胶酶能够分解果胶，瓦解植物的细胞壁及胞间层，将果胶分解成可溶性的小分子物质，使榨取果汁变得更容易，也使浑浊的果汁变得澄清。

工业生产中，刚压榨出来的果汁黏度大，果汁会分层、浑浊，在过滤时容易堵塞过滤设备。添加果胶酶澄清处理后，果汁的黏度下降，使引起果汁浑浊的粒子凝聚下沉，所得的果汁易于过滤和澄清。同时使用果胶酶后可简化果汁加工工艺，缩短加工周期，提高生产效率。

【实验目的】

体验酶制剂的作用特性，加强对食品添加剂的理性认识。

【实验材料】

匀浆机、纱布、试管、试管架、微量可调移液器、250 mL 烧杯、水浴锅、玻璃棒、pH 试纸、橘子、1% 果胶酶溶液、2% 果胶酶溶液、4% 果胶酶溶液、1% 盐酸、0.1 g/mL $NaOH$ 溶液。

【实验步骤】

1. 果汁制备

橘子去皮，将橘子分成小瓣。将橘子块放入匀浆机中，打开开关，在匀浆的同时用力摇晃匀浆机，直到橘子彻底打碎成匀浆状态。将打出的匀浆液用纱布包起来过滤，适度挤压，以不挤出渣滓为宜，将过滤出的浑浊果汁用烧杯盛起来。

2. 探究果胶酶的用量

取 3 支干净试管，编号，用微量可调移液器分别向每支试管中加入 4 mL 橘子汁，然后再分别加入 1 mL1%、2%、4% 的果胶酶溶液，振荡混匀，50 ℃水浴 15 分钟后取出，静置一段时间观察实验现象。

3. 探究 pH 对果胶酶活性的影响

取 3 支干净试管，编号，用微量可调移液器分别向每支试管中加入 4 mL 橘子汁，然后用 1% 的盐酸和 0.1 g/mL 的 NaOH 溶液调节 pH 值为 2、4、7，向其中加入 1 mL 2% 的果胶酶溶液，振荡混匀，50 ℃水浴 15 分钟后取出，静置一段时间观察实验现象。

4. 探究温度对果胶酶活性的影响

取 3 支干净试管，编号，用微量可调移液器分别向每支试管中加入 4 mL 橘子汁，然后向其中加入 2% 的果胶酶溶液 1 mL，振荡混匀，放入 30 ℃、50 ℃、70 ℃水浴锅中水浴 15 分钟后取出，静置一段时间观察实验现象。

| 职业探索 |

食品检验员

食品检验是研究和评定食品质量及其变化的一门学科，它依据物理、化学、生物化学的一些基本理论和各种技术，按照制订的技术标准，如国际、国家食品卫生/安全标准，对食品原料、辅助材料、半成品、成品及副产品的质量进行检验，以确保产品质量合格。食品检验的内容包括对食品的感官检测，食品中营养成分、添加剂、有害物质的检测等。食品检验员需要进行食品生产过程中的污染检测与监控、食品原始记录和成品检验报告的填写、生产用试剂和仪器等的检查等等。食品检验员可在食品企业、食品检验检疫部门、海关、大型生鲜市场或餐饮单位从事检验工作。

第三节 食用油脂的安全

| 问题探讨 |

开门七件事，柴米油盐酱醋茶，油排在第三位，是生活的必需品。生活中你是否有关注过食用油脂的种类？是否有关注过油脂的营养与安全呢？

食用油脂是我们每日膳食中不可缺少的部分，是供给人体热量的三大营养素之一，是人体所需的必需脂肪酸和各种脂溶性维生素的重要来源。食用油脂按来源可分为植物性油脂、动物性油脂和微生物油脂。

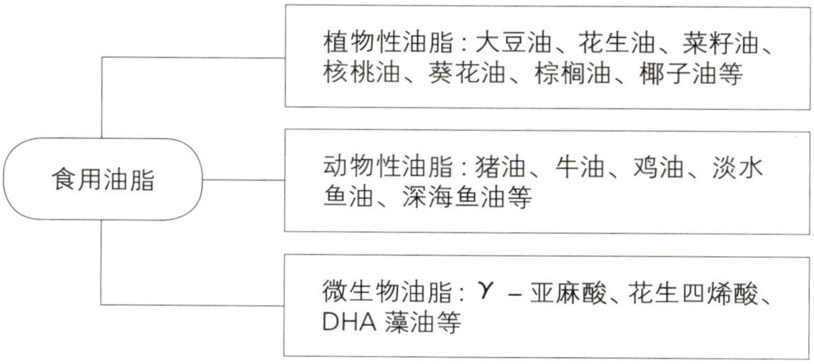

图3-2 食用油脂的种类

一、食用油脂的安全性问题

随着人们生活水平不断提高，消费者可以选择的食用油脂种类不断增多，油脂的消费量也不断上升。近年来，食用油的安全问题日益成为人民群众关注的热点。食用油脂在种植、加工、储存等环节均可能出现质量与安全问题①。

在种植环节，油料作物生长环境重金属超标，种植过程未按规范使用农药等均会造成油脂的重金属、农药残留超标。同时，油料作物收割后，要在适宜条件下存放，避免油料原料发生霉变，如不良的存放条件导致花生霉变，后期生产出的花生油便会含有黄曲霉毒素。

在加工环节，加工设备中的重金属会迁移至食用油，导致食用油中重金属含量超

① 王栩林．食用油的安全现状分析[J]．食品安全导刊，2017（1）:38.

标。同时，不当的加工方式会导致油脂中苯并芘、杂环胺、反式脂肪酸等危害人体健康的物质超标。此外，不法分子在加工过程中过量添加抗氧化剂、违法添加消泡剂、使用劣质包装等也是危害食用油安全性的重要因素。

在储存环节，食用油脂储存时间过长或储存不当易发生变质和酸败。油脂的酸败会使油脂味道变差，产生刺喉的辛辣味，俗称哈喇味，还会产生有害身体健康的小分子醛类、酮类等。酸败的油脂会引起呕吐、腹泻、腹痛等，还有可能导致肝功能受损，甚至致癌。

近年来，一些不法商贩将餐厅、饭馆的废弃油脂（俗称地沟油）收集起来，利用简单的设备，进行土法重炼，然后以低价卖出，致使废弃油脂重回餐桌。地沟油中含有大量有害微生物、有毒化学物质，食用后轻则会导致头晕、头痛、失眠、恶心、腹泻等症状，重则会导致胃癌、直肠癌、小肠癌等，严重威胁人体健康。

二、食用油脂安全性评价指标

为保障食用油脂的安全性，我国出台了一系列的标准与政策，加强从“原料—加工—餐桌—废弃油回收”全过程监督管理，对各种可能的安全问题落实检查，以防止不合格食用油流入市场。目前也有很多食用油安全检测的方法，如通过大型仪器、快速检测仪器、快速检测试纸等对油脂的重金属、农药残留、黄曲霉毒素、酸价、过氧化值等进行检测。

食用油脂安全性评价需遵循国家标准，在《食品安全国家标准 食用油脂制品》（GB 15196–2015）中明确规定了各类油脂的感官要求、理化指标等。对于油脂的色泽、滋味、气味、状态等作了具体要求。

表 3–5 食用油脂的感官要求

色泽	具有产品应有的色泽
滋味、气味	具有产品应有的气味和滋味，无焦臭、无酸败及其他异味
状态	具有产品应有的形态，质地均匀，无正常视力可见的外来异物

油脂中若含有杂质或者在不适宜的条件下长时间储存，会发生一系列生物与化学变化，造成油脂酸败。通常用酸价和过氧化值两个指标对油脂的酸败程度进行评价。所谓酸价是指中和 1 g 油脂中游离脂肪酸所需要的 KOH 的毫克数。油脂酸败时游离脂肪酸增加，酸价也随之增高，也就是说酸价越高，油脂酸败的程度越高，油脂的品质越低。在 GB 15196–2015 中规定食用油的酸价应小于 1。油脂中含有不饱和脂肪酸，在储存过程中不饱和脂肪酸会被氧化形成过氧化物，将形成过氧化物的含量称为过氧化值。过氧化值的高低与油脂酸败程度呈正比。过氧化值是油脂酸败的早期指标，当

过氧化值上升到一定程度后，油脂开始出现感官性状上的变化。在 GB 15196-2015 中规定食用油的过氧化值应小于 0.1。根据国家标准，食用油脂检测中只要有一项指标不合格，即判定为不合格产品。

三、食用油脂安全评价实验

对食用油脂酸价和过氧化值的测定有传统化学实验手段，也有快速检测仪、快速检测试剂盒、速测卡等快速检测手段。目前快速检测样品处理简单，分析方法快速准确且不受地域限制，在食品安全的监管中愈来愈受青睐，接下来我们将通过一个实验来学习如何使用食用油脂酸价、过氧化值快速检测试剂盒对食用油的安全性进行初步评价。

| 实验探究 |

对几种食用油脂的安全性评价

【实验原理】

通过显色剂与游离脂肪酸或过氧化物进行反应，其显色的程度与游离脂肪酸或过氧化物的含量成正比。

【实验目的】

对几种常见的食用油及家庭反复煎炸后的油脂进行安全性评价。

【材料用具】

食用油酸价快速检测试剂盒、食用油过氧化值快速检测试剂盒、市售桶装菜籽油、市售散装菜籽油、家庭反复煎炸 5 次的桶装菜籽油、家庭反复煎炸 5 次的散装菜籽油、白瓷盘、小烧杯、水浴锅、玻璃棒、刻度离心管。

【方法步骤】

1. 食用油感官评价

取适量食用油放置于白瓷盘中，在自然光下观察色泽和状态，再将试样放置于 50 mL 小烧杯中，水浴加热至 50 ℃，用玻璃棒迅速搅拌，嗅其气味。

2. 食用油酸价测定

（1）用清洁、干燥的容器称取少量的食用油样品，将食用油样品的温度调节到 25 ℃左右，待测。

（2）称取 0.2 g 样品于离心管中，加入 2 mL 检测液 A、2 滴检测液 B，摇匀。

（3）垂直滴加滴定液，边滴边摇匀，待溶液显示粉红色时停止滴定，记录滴数 N。

（4）结果判定：食用油酸价 =N × 0.15。

3. 食用油过氧化值测定

（1）试剂配制：使用时往检测液 B 瓶子中加入 6 mL 纯净水或蒸馏水，旋紧盖子摇匀使其溶解。

（2）称取 0.1 g 样品于刻度试管中，加入检测液 A 至 2 mL 刻度，混匀使其溶解，从中吸取 0.1 mL 倒入另一刻度试管，加入检测液 A 至 3 mL 刻度，混匀。

（3）依次加入 1 滴检测液 B、1 滴检测液 C，摇匀，反应 5 分钟，观察颜色变化。

（4）结果判定：对照标准比色板可进行半定量判定，颜色越深，说明过氧化值越高。

4. 实验结果与分析

表 3–6 实验结果记录表

	感官评价	酸价	过氧化值
市售桶装菜籽油			
市售散装菜籽油			
家庭反复煎炸 5 次的桶装菜籽油			
家庭反复煎炸 5 次的散装菜籽油			

从实验数据中，你能得出怎样的结论呢？

从实验数据我们可知，反复煎炸食用油的酸价和过氧化值升高，油脂的质量下降。在反复高温煎炸的过程中，油脂的化学结构会发生变化，会产生对人体有害的物质。

煎炸是一种常见的烹饪方式，那么，生活中我们应当怎样保障煎炸用油及煎炸食品的安全性呢？除大批量工业生产食品时会选择专用煎炸油外，一般家庭在日常生活中通常都采用普通的油脂作为煎炸油，在煎炸过程中需要注意以下几点。

首先，严格控制油温。煎炸时需将油温控制在 190~195 ℃以下。在家庭烹饪时，锅烧热后加油，当油面出现翻滚状态时，即油面呈波纹状时，油温大致在 190~195 ℃。

其次，因为油脂在煎炸后放置一段时间会发生氧化劣变，煎炸过的油再加热，氧化速度将加快，所以在煎炸时最好一次性煎炸完所有待煎炸的食物，中途不要熄火等待。

再次，合理选择炸油容器，一般说来，铝锅或不锈钢锅比铁锅和铜锅更适合作为煎炸用锅，因为铜锅和铁锅中渗出的微量铜离子和铁离子，会明显加速油脂变质。

最后，不要反复使用煎炸油。因为经过高温加热过的油脂化学结构会发生变化，产生致癌物质，对人体有害，原则上不能再次利用。若实在要使用，可观察油的颜色是否变得非常深黑或有枯焦味，若是便不能再使用了，若颜色还比较浅，油仍呈透明状，可以再次使用。

课外探究

利用本节课所学知识，你还可以开展哪些探究性活动呢？你可以尝试对其他种类油脂的酸价、过氧化值进行测定，可以探究不同的烹饪方式对不同种类食用油脂的酸价及过氧化值的影响，可以调查了解人们的食用油选择嗜好……课后请选择自己感兴趣的研究课题，以小组合作的形式开展相关的实践探究活动吧！

第四节
果蔬中农药残留的检测

问题探讨

在人类健康意识日益增强的今天，人们对于农药残留问题的重视程度越来越高，国家也对农副产品中的农药残留规定了限量标准。那么你知道如何测定果蔬中的农药残留吗？

农业上为了防治病虫害以及调节植物生长，需要施用农药。随着我国经济水平的不断提高，食品加工业的快速发展，消费者的综合需求也越来越丰富，市场对农产品原材料的要求越来越高，农药等外源物质在农产品生产过程中的添加量居高不下。而外源化学物质的不合理使用必将导致果蔬中的农药残留超标，影响消费者食用安全。目前，农药残留相关问题已经受到高度重视，不同农产品中农药残留限量标准制定得愈加严格。

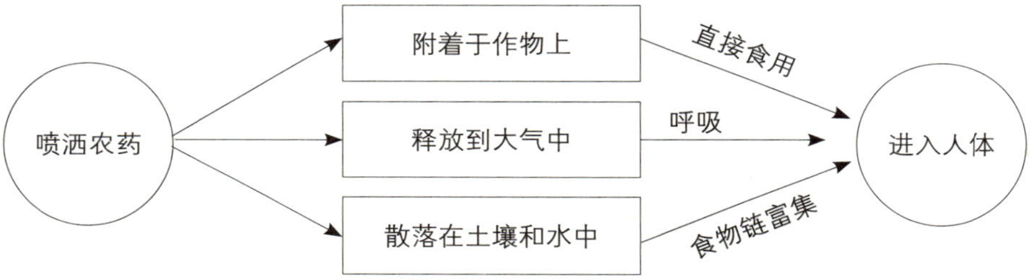

图3-3 农药进入人体的途径

一、农药残留的种类及危害

农药使用后，有些在短时间内可以通过生物降解成为无害物质，但包括 DDT 在内的有机氯农药难以降解，它是残留性强的农药。根据残留的特性，可把残留性农药分为三种：容易在植物机体内残留的农药称为植物残留性农药，如六六六、异狄氏剂等；易于在土壤中残留的农药称为土壤残留性农药，如艾氏剂、狄氏剂等；易溶于水，而长期残留在水中的农药称为水体残留性农药，如异狄氏剂等。残留性农药在植物、土壤和水体中的残存形式有两种：一种是保持原来的化学结构；另一种以其化学转化产物或生物降解产物的形式残存。

农药进入粮食、蔬菜、水果、鱼、虾、肉、蛋、奶中，造成食物污染，危害人的健康。一般有机氯农药在人体内代谢速度很慢，累积时间长，且有机氯在人体内残留主要集中在脂肪中。农药的危害的主要表现为：急性中毒、慢性危害、“三致”危害。急性中毒往往导致神经麻痹乃至死亡，成为最明显的农药危害。长期接触或食用含有农药残留的食品，使农药在体内蓄积，影响神经系统，破坏肝脏功能，造成生理障碍，影响生殖系统，产生畸形怪胎，导致癌症。国际癌症研究机构证实：18 种广泛使用的农药具有明显的致癌性，还有 16 种显示潜在的致癌危险性，主要表现为致癌、致畸、致突变。

由于农药残留对生物的危害很大，各国对农药的施用都进行严格的管理，并对食品中农药残留容许量作了规定。

二、农药残留产生的原因

1. 方法单一

缺乏正确使用农药的基本知识。绝大多数农户仅用农药进行防治，因为农药杀虫效果好，见效快。还有部分农户不讲究用药技术（如白粉病打叶的正面，霜霉病打叶的背面，不能在晴天正午打药），一旦防治效果不佳，就加大用药量，结果使病虫害产生了抗药性。当有了抗药性的病虫害又在危害田间的农作物时，就施用更大的药量来防治，如此循环农作物的农药残留就会大大增加。更严重的是有的农户还违章在农作物上使用禁、限农药，还未到农药使用的安全间隔期就急于上市，如此将对人体产生更大的危害。

2. 结构错误

对使用无公害农药的认识不够，影响农作物质量的农药主要为杀虫剂类农药，在此类农药中又以有机磷类杀虫剂为主。使用的农药中 70% 为杀虫剂，杀虫剂中 70% 为有机磷类杀虫剂，有机磷类杀虫剂中 70% 为高毒、剧毒、高残留农药。部分农户认为用药后马上见效的农药就是好农药，而低毒的、无公害的生物农药价格高、效果慢，浪费了人力和物力，这样也对蔬菜的质量产生影响。

三、农药残留量的测定

残留在土壤中的农药通过植物的根系进入植物体内。不同植物机体内的农药残留量取决于它们对农药的吸收能力。不同植物对艾氏剂的吸收能力为：花生 > 大豆 > 燕麦 > 大麦 > 玉米。农药被吸收后，在植物体内分布量的顺序是：根 > 茎 > 叶 > 果实。

中国已制定了 79 种农药在 32 种（类）农副产品中 197 项农药最高残留限量的国家标准，其中常见的农药的残留量如表 3–7 所示。

表 3-7 农药残留限量标准

名称	含量 (mg/kg)	名称	含量 (mg/kg)
百菌清	≤ 1.0	倍硫磷	≤ 0.05
六六六	≤ 0.2	草甘膦	≤ 0.1
乐果	≤ 1.0	多菌灵	≤ 0.5
滴滴涕	≤ 0.1	敌敌畏	≤ 0.2

| 实验探究 |

果蔬中农药残留的检测

【实验原理】

在一定条件下，有机磷和氨基甲酸酯类农药对胆碱酯酶正常功能有抑制作用，其抑制率与农药的浓度呈正相关。正常情况下，酶催化神经传导代谢产物（乙酰胆碱）水解，其水解产物与显色剂反应产生黄色物质，用分光光度计在 412 nm 处测定吸光度随时间的变化值，得出抑制率。通过抑制率可以判断出样品中是否含有高剂量有机磷和氨基甲酸酯类农药。

【实验目的】

1. 学会检测有机磷和氨基甲酸酯类农药。
2. 进一步熟练掌握溶液的配制方法。
3. 掌握新型数字农药速测卡的原理和方法。

【仪器与试剂】

农药残留测试仪、移液器、农残快速检测试剂盒。

【准备工作】

1. 配制缓冲液。取一包缓冲剂，加入 500 mL 纯净水溶解，常温存放。

2. 处理样品。选取有代表性的蔬菜样品，擦去表面泥土，剪成 1 cm 左右见方碎片，取 5 g 放入带盖瓶中，加入 10 mL 缓冲液，振荡 50 次，静置 2 分钟以上。上清液为待测液。

【检测步骤】

1. 将农药残留测试仪开机预热 15 分钟。

2. 对照测试。从干燥筒中取出速测卡，将速测卡插入卡槽中，用移液器吸取 80 μL 缓冲液缓慢滴加于加样区（箭头指示朝上），点击“对照”，仪器自动进行对照测试。

3. 样品测试。从干燥筒中取出速测卡，将速测卡插入卡槽中，用移液器吸取 80 μL 待测液缓慢滴加于加样区（箭头指示朝上），点击“样品”，仪器开始倒数计时，进行样品测试。8 分钟后计时完毕完成检测，显示结果。

4. 结果判定。

结果以酶被抑制的程度（抑制率）表示。当样品抑制率 ≥ 50% 时，表示蔬菜中有高剂量有机磷和氨基甲酸酯类农药存在，样品为阳性结果。当抑制率 <50% 时为阴性结果。

从实验数据我们可知，某些农作物会出现农残超标的情况。为保障食品安全，政府应加强农药使用的指导与农作物安全的监管，供货商要加大对农药残留的检测，消费者需通过正规渠道选购农产品。因农残长期摄入会对人体产生毒害，在生活中我们还可以通过如下途径减轻农残危害。

1. 浸泡

将买回来的蔬菜用清水、淘米水或苏打水浸泡几分钟再冲洗。淘米水容易获得，是去除农药残留的“良方”。淘米水呈弱碱性，可以中和农药成分，减弱药效；淘米水中含有的淀粉，也具有较强的粘黏性。苏打水也可以中和农药的毒性。

洗涤剂本身含有的化学成分容易残留在果蔬上，对人体健康不利，所以不使用普通的洗涤剂清洗果蔬。最好的办法是使用专业的活氧机进行清洗，农药残留的有效除去率高达 98%。

2. 削皮

类似黄瓜、茄子这一类的蔬菜，一般来说农药用得比较多，这类蔬果食材可以削皮后再食用。

3. 高温加热

高温加热也可以使农药分解。一些耐热的蔬菜，比如菜花、豆角、芹菜等洗净后再用开水烫几分钟，可使农药量下降 30%，再经高温烹调，就可以清除 90% 的农药。

4. 阳光照射

阳光照射可使蔬菜中的部分农药被分解、破坏。据测定，蔬菜在阳光下照射 5 分钟，有机氯、有机汞等农药的残留量可减少 60% 左右。

课外探究

请同学们利用本节课所学的知识，尝试对果蔬中的农残进行测定。在此基础上，查阅资料，了解更多有关的农药残留知识，并向自己的家人和同学科普农药残留的危害，分享减少农药残留的妙招……

第五节
食物中亚硝酸盐的测定

| 问题探讨 |

科幻片中常出现的蓝色皮肤的人是否会在生活中出现呢？又是什么原因会引起正常人类的血液变成蓝色呢？香港科技大学的专家研究发现，食用血燕会导致亚硝酸盐中毒，而引发蓝血人病。亚硝酸盐对人体到底有什么危害？又该如何检测食物中亚硝酸盐的含量呢？

亚硝酸盐主要指亚硝酸钠，亚硝酸钠为白色至淡黄色粉末或颗粒状，味微咸，易溶于水，外观及滋味都与食盐相似，并在工业、建筑业中广为使用。肉类制品中允许作为发色剂限量使用。由亚硝酸盐引起食物中毒的概率较高，食入 0.3~0.5 g 的亚硝酸盐即可引起中毒甚至死亡。

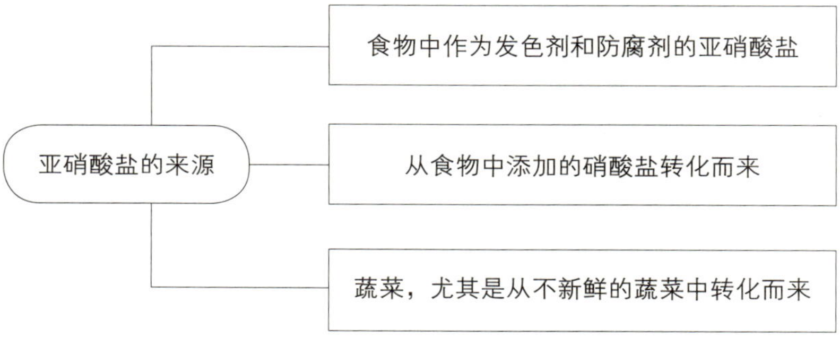

图3–4 亚硝酸盐的来源

饮食中亚硝酸盐的来源主要有蔬菜、肉制品和水。蔬菜是饮食中亚硝酸盐的主要来源之一，除了蔬菜本身，种植管理也会对蔬菜中的硝酸盐和亚硝酸盐存在一定的影响，特别是氮肥的施用。本身鲜肉中亚硝酸盐的含量并不高，但是为了使肉制品呈现稳定诱人的色泽，肉制品中会添加亚硝酸盐。饮用水也是饮食中亚硝酸盐的主要来源之一。随着人类活动的增加，地下水受到亚硝酸盐的污染风险越来越大。

一、亚硝酸盐的中毒机理

亚硝酸盐具有防腐性，与肉品中的肌红素结合后更稳定，所以常在食品加工业作为保色剂添加在香肠和腊肉中，以维持良好外观；其次，它可以防止肉毒梭状芽孢杆菌的产生，提高食用肉制品的安全性。但是，人体吸收过量亚硝酸盐，会影响红细胞的运作，令到血液不能运送氧气，口唇、指尖会变成蓝色，即俗称的“蓝血病”，严重会令脑部缺氧，导致死亡。亚硝酸盐本身并不致癌，但在烹调或其他条件下，肉品内的亚硝酸盐可与氨基酸发生降解反应，生成有强致癌性的亚硝胺。所以食用硝酸盐或亚硝酸盐含量较高的腌制肉制品、泡菜及变质的蔬菜可引起中毒，可因呼吸衰竭而死亡。

二、食物中亚硝酸盐含量指标

为保障食物中亚硝酸盐含量的安全性，政府出台了一系列的标准与政策，加强对原料——加工——产品全过程的监督管理，对各种可能的安全问题落实检查，以防止亚硝酸盐含量超标的食品流入市场。

食物中亚硝酸盐含量需遵循《食品安全国家标准 食品添加剂 亚硝酸钠》（GB 1886.11–2016），该标准明确规定了在加工食品中其感官要求、理化指标及各类产品中亚硝酸盐含量的上限。

表 3–8 部分食品中亚硝酸盐的限量标准（以 $NaNO_2$ 计）

品名	限量标准（mg/kg）	品名	限量标准（mg/kg）
食盐（精盐）、牛乳粉	≤ 2	香肠（腊肠）香肚、酱腌菜、广式腊肉	≤ 20
鲜肉类、鲜鱼类、粮食	≤ 3	肉制品、火腿肠、灌肠类	≤ 30
蔬菜	≤ 4	其他肉类罐头、其他腌制罐头	≤ 50
婴儿配方乳粉、鲜蛋类	≤ 5	西式蒸煮、烟熏火腿及罐头、西式火腿罐头	≤ 70

实验探究

食物中亚硝酸盐的测定

【实验原理】

样品经沉淀分离蛋白质，除去脂肪后，在弱酸的条件下，亚硝酸盐与对氨基苯磺酸起重氮化反应，生成重氮化合物，再与盐酸萘乙二胺偶合，形成紫红色的染料，其颜色的深浅与亚硝酸盐的含量成正比，可与标准比较定量。通过分光光度计比色测定，计算出样品中亚硝酸盐的含量。

【实验目的】

1. 掌握样品制备、提取的基本操作技能。

2. 进一步熟练掌握分光光度计的结构和使用方法。

3. 掌握比色法测定食品中亚硝酸盐的原理和方法。

【仪器与试剂】

1. 仪器

小型绞肉机、分光光度计。

2. 样品

市售烟熏腊肉 500 g。

3. 试剂

（1）亚铁氰化钾溶液：称取 106 g 亚铁氰化钾溶于水，并定容至 1000 mL。

（2）醋酸锌溶液：称取 220 g 醋酸锌，加 30 mL 冰醋酸，溶于水并定容至 1000 mL。

（3）硼砂饱和溶液：称取 5 g 硼砂溶于 100 mL 热水中，冷却后备用。

（4）0.4% 对氨基苯磺酸溶液：称取 0.4 g 对氨基苯磺酸，溶于 100 mL 20% 的盐酸中，避光保存。

（5）0.2% 盐酸萘乙二胺溶液：称取 0.2 g 盐酸萘乙二胺，溶于 100 mL 水中，避光保存。

（6）亚硝酸钠标准溶液：精密称取 0.1000 g 于硅胶干燥器中干燥 24 小时后的亚硝酸钠，加水溶解移入 500 mL 容量瓶中，并稀释至刻度。此溶液每毫升相当于 200 μg 亚硝酸钠。

（7）亚硝酸钠标准使用溶液：临用前，吸取亚硝酸钠标准溶液 5.00 mL，置于 100 mL 容量瓶中，加水稀释至刻度。此溶液每毫升相当于 10 μg 亚硝酸钠。

【方法步骤】

1. 样品处理

称取经绞碎并混合均匀的猪肉样品 20 g 于 100 mL 烧杯中，加硼砂饱和溶液 40 mL，搅拌均匀后，以 70 ℃以上的热水 100~150 mL 将样品全部洗入 250 mL 容量瓶中，放入沸水浴中加热 15 分钟，取出冷却后，边转动容量瓶边加入亚铁氰化钾溶液 20 mL，摇匀后再加入醋酸锌溶液 20 mL，以沉淀蛋白质。然后，加水至刻度，混匀，放置半小时后，弃去上层脂肪，清液用滤纸或脱脂棉过滤，弃去初滤液 5~10 mL，滤液备用。

2. 测定

吸取上述滤液 40 mL 于 50 mL 容量瓶中，同时吸取 0.0、0.1、0.2、0.3、0.4、0.8、1.2、1.6、2.0 mL 亚硝酸钠标准使用液（相当于 0.0、1.0、2.0、3.0、4.0、8.0、12.0、16.0、20.0 μg 的亚硝酸钠）分别置于 50 mL 容量瓶中，各加水至 25 mL 处。在样品管及标准管中分别加入 0.4% 对氨基苯磺酸溶液 4 mL，混匀后静置 3~5 分钟，然后又在样品管及标准管中分别加入 0.2% 盐酸萘乙二胺溶液 2 mL，加水至刻度，摇匀，静置 15 分钟后，用 1 cm 的比色皿，以零管调节零点，于波长 538 nm 处，测吸光度，绘制标准曲线并查出待测液的亚硝酸盐含量。

3. 结果计算

$$X=\frac{A\times 1000}{m\times \frac{40}{250}\times 1000\times 1000}$$

式中：X—样品中亚硝酸盐的含量，g/kg；

A—样品溶液中亚硝酸盐的含量，μg；

m—样品的质量，g。

$\frac{40}{250}$—测定时吸取样品液的体积与样品定容体积之比。

4. 注意事项

（1）盐酸萘乙二胺有致癌的作用，使用时注意安全。

（2）显色后的稳定性与室温有关，一般显色温度为 15~30 ℃时，在 20~30 分钟内比色为好。

许多食物的不当处理和保存过程中会产生超标的亚硝酸盐。在长期的摄入过程中会对人体产生毒害，那么生活中我们应当如何避免过量亚硝酸盐的摄入或者降低其毒害呢？

（1）蔬菜应妥善保存，防止腐烂，不要吃腐烂的蔬菜。

（2）食剩的熟菜不可在高温下长时间存放后再食用。

（3）腌菜时选用新鲜菜，现腌的菜，最好马上就吃，不能存放过久。若放置时间较长，应至少腌至 15 天以上再食用。

（4）苦井水勿用于煮粥，尤其勿存放过夜再食用。

（5）防止错把亚硝酸盐当食盐或碱面用。

课外探究

利用本节课所学知识，开展身边食物中亚硝酸盐的“缉毒”活动，尝试对食物中亚硝酸盐的含量进行测定，并探究不同的食物处理方式或者饮食方式对人体健康的影响。活动完成之后，请学习小组汇总研究结果，制作 ppt 在班上进行分享。

第四章 饮食文化

中国，屹立于世界东方的文明古国，有着五千多年的文明史，源远流长的饮食文化是中华文明的重要组成部分。在国家大力弘扬优良传统文化、加强非物质文化遗产保护的大背景下，作为青少年更应深入了解中华传统饮食文化并继承和发扬。

第一节
饮食民俗

问题探讨

民以食为天，在中华民族五千余年的历史里，随着烹饪方式与烹饪水平不断提升，不同地域的华夏子民在漫长的文化积淀中孕育出了各种饮食民俗。南方地区喜食以清淡为主的河鲜海味，川渝地区喜食重香重味的地宝山珍……你知道饮食民俗有哪些内容吗？你的家乡有哪些饮食民俗呢？

中国人讲吃，不仅仅是一日三餐、解渴充饥，它往往蕴含着人们认识事物、理解事物的哲理，形成了独特的饮食文化。在中华传统饮食文化中，当小孩子出生时，亲友要吃红蛋表示喜庆，“蛋”谐音“诞”，意味着生命的延续，“吃红蛋”寄寓着中华传统文化中对传宗接代的厚望。孩子满周岁时要“吃”，十八岁成年时要“吃”，结婚时要“吃”，到了六十大寿，更要觥筹交错地庆贺一番。这种“吃”，表面上看是一种生理满足，但实际上“醉翁之意不在酒”，只是借吃这种形式表达了一种丰富的心理内涵。“吃”的文化已经超越了“吃”本身，获得了更深刻的社会意义。

饮食民俗具体说来是指人们在筛选食物原料、加工、烹制和食用食物的过程中所积累形成的、传承不息的风俗习惯，如我国南米北面的主食结构，东甜、西辣、北酸、南咸的口味差异，八大菜系的风味差异等都是饮食民俗的具体表现。饮食民俗内容颇多，下面我们主要从居家饮食民俗、年节饮食民俗、人生礼仪饮食民俗三个方面来初步了解中华传统饮食民俗。

一、居家饮食民俗

居家饮食民俗是民间饮食风俗的基础和主流，反映了中华民族饮食风俗的整体风貌。在食物结构上，汉族的传统食物结构以植物性食料为主。主食是五谷，辅食是蔬果，外加少量的肉食。以畜牧业为主的一些少数民族则是以肉食为主食。

餐制是从生理需要出发，为恢复体力而形成的饮食习惯。在上古时期，人们采用的是早、晚二餐制。这种餐制是为适应“日出而作，日落而息”的生产作息制度，吃完早餐，人们开始劳作，男狩猎，女采集；日落后，人们劳动归来，一起用餐。大约到了战国时期，在天子诸侯等上层社会出现三餐制，到了汉代，一日三餐才在民间普及开来，直至今日，一日三餐制仍是中国人日常饮食的主流。

你知道吗，目前盛行的西餐分餐制实际上起源于我国。古人将用餐称为“飨”，“飨”在甲骨文中是人们跪在席上用餐的形象。人们跪在席上，把煮肉、装肉的鼎放在中央，在每人面前放一块砧板（这块板叫作俎），然后用匕把肉从鼎中取出，放在俎上，用刀割着吃。直至出现桌椅，人们的用餐方式发生了改变，大家围坐一桌，共享一桌饭菜，原来的分餐制便逐渐转变为合餐制。合餐制是中国“和合”文化在饮食习俗上的具体表现，彰显着我国优秀传统文化的魅力。

二、年节饮食民俗

春节、元宵节、清明节、端午节、中秋节、重阳节等是中国重要的传统节日，每个节日也对应着相应的饮食民俗。春节是我国历史最悠久、活动内容最丰富、仪礼最隆重、场景最壮观、食品最精致的传统节日。汉族的春节饮食风俗一般以吃年糕、饺子、汤圆、全鱼、大肉丸、美酒、苹果、福橘、花生、瓜子、糖果为主，并伴有掸扬尘、洗被褥、备年货、贴春联、贴年画、守岁、给压岁钱等活动。北方地区春节喜欢吃饺子，因饺子形似元宝，有“招财进宝”之意。春节饺子讲究在除夕夜十二点包完，此刻正是子时，以取“更岁交子”之意。吃饺子其寓意团结，表示吉利和辞旧迎新。为增加节日的气氛与乐趣，历代人们在饺子馅上下了许多功夫，人们在饺子里包上钱，谁吃到来年会发大财；在饺子里包上蜜糖，谁吃到意味着来年生活甜蜜等。

元宵节顾名思义必吃元宵。起初人们把元宵称为“浮元子”，后来又叫“汤团”或“汤圆”，这些名称与“团圆”字音相近，取团圆之意，象征全家人团团圆圆，和睦幸福。在我国不同地区，元宵节的饮食习俗各不相同。上海、江苏一些农村，人们喜欢吃“荠菜圆”；陕西人有吃元宵菜的习俗，即在面汤里放各种蔬菜和水果；河南洛阳、灵宝一带，元宵节要吃枣糕等等。

清明一词有“物至此时，皆以洁齐而清明矣”之意。每到清明，春光明媚，布谷声声，大地一派生机勃勃的景象。清明食俗是伴随着清明祭祀活动而展开的。清明时节，江南一带要吃青团子，南北各地要吃“馓子”，要吃鸡蛋、蛋糕、清明粽、清明粑等多种多样富有营养的食品。

端午吃粽是全国各地普遍的饮食民俗，但南北粽子口味各异，北方的粽子以甜味为主，如小枣粽、豆沙粽，南方的粽子甜少咸多，如八宝粽、腊肉粽、鲜肉粽等。除吃粽子外，各地应节食品种类颇多。江西萍乡一带，端午节必吃包子和蒸蒜；山东泰安一带要吃薄饼卷鸡蛋；河南汲县一带要吃粽子和油果。在我国的许多地方，流行端午节食“五黄”即雄黄酒、黄鱼、黄瓜、咸蛋黄、黄鳝（有的地方为黄豆）的习俗。

中秋佳节食月饼是我国各地普遍盛行的习俗。在中秋节这天吃月饼，有以圆如月的月饼来象征月圆和团圆的意义。我国的月饼品种繁多，因产地不同风味各异，其中京式、苏式、广式、潮式等月饼最为著名。中秋节还有“赏月”的活动，伴随赏月活动还有很多中秋食品，如香芋、柚子、花生、螃蟹等。

重阳节正值秋收完毕，谷物入仓，水果鲜美，鱼蟹肥硕，秋高清爽。在重阳节有登高的习俗，不能登高或不想登高的人，就在家中吃糕，因“糕”与“高”同音，因而扬州又有吃“重阳糕”的习俗。古代重阳节还有饮菊花酒之俗。早在汉代，人们在菊花盛开之际，采其茎叶，杂和黍米，酿成美酒，翌年重阳，即可饮之。后来，饮菊花酒逐渐被赏菊替代。

三、人生仪礼饮食民俗

1. 生育食俗

人生仪礼食俗是指人的一生各个重要阶段通常要举行的仪式、礼节进而形成的与饮食相关的习俗。在中国，新生命降临人世，是一件可喜可贺的事，许多地方的庆贺仪式是办三朝酒、满月酒、百日酒等宴会。三朝酒是婴儿诞生后第三天举行的庆贺宴会，满月酒和百日酒是婴儿满月和满一百天时举行的宴会。这些宴会寄托着亲友们对幼小生命健康成长的希望和祝福，所以亲友们常常带着鸡、鸡蛋、红糖、醪糟等食品前来参加。

2. 婚嫁食俗

孩子长大成年后，婚姻之事受到高度重视，订婚、结婚典礼时都要举办相应的宴会与仪式。在清末民初的成都，婚嫁接亲时有下马宴，送亲时有上马宴，举行婚礼时有喜宴，婚礼后还有正酒、回门酒等。喜宴是最隆重的，人们以各种方式极力烘托热闹、喜庆的氛围，表达对新人新生活的美好祝愿。同时，枣子、花生、桂圆、莲子、石榴、红蛋等物品也是各地婚嫁仪礼中的常见物品，表达着人们对子孙延绵的美好期许。

3. 寿庆食俗

古代汉族人把孩子的生日当作“母难日”，生日不仅不办庆祝活动，有时还进行“母难”纪念。大约到了唐代，人们开始重视生日庆祝活动，而祝愿长寿是其重要主题。从寿面、寿桃到寿宴，气氛庄重而热烈，寄托着人们对生命长久的美好祝愿。中国人尤其重视逢十的生日及宴会，从中年开始有贺天命、贺花甲、贺古稀等名称。寿宴上讲究用象征长寿的六合同春、松鹤延年等菜肴，也常用食物原料摆成寿字，或直接上寿桃、寿面来烘托祝愿长寿的气氛。

实践活动

家乡饮食民俗调查活动

对于家乡的饮食民俗你是否有清晰的认识呢？生活中，我们可能忽视了饮食民俗，对家乡饮食民俗的认知不确切或不完整。为此，我们可以开展家乡饮食民俗调查活动，在开展调查前可以制作一个调查表，便于收集信息、整理信息，得出合理的结论。

表 4-1 家乡饮食民俗调查表（示例）

编号	家乡	地区口味	特色菜肴	主食选择	是否食用传统食物	是否有特色饮食民俗活动
1	重庆市	重，麻辣	回锅肉等	水稻	是	有
2	……	……	……	……	……	……
3						
……						

你也可以与小组同学进行讨论，根据家乡的具体情况，制作一个更为合适的调查表。

提出问题：

1. 从调查表的数据当中，你能得到什么结论？你能用文字概括出你家乡的饮食民俗吗？

2. 你了解家乡饮食民俗的发展过程吗？简单描述一下吧。

3. 除了你家乡外，你还知道其他地方的饮食民俗吗？

四、全球化对中国饮食民俗的影响

受外来文化引入与全球化趋势的影响，中国饮食民俗在悄然地向全球化趋势靠拢。

首先，在中国与外国漫长的交流过程中，外地的食材随着经济交流被引入中国，从而进入了中国人的饮食民俗中：红薯由西班牙人从墨西哥带到中国，在 16 世纪下半叶由福建最先种植；土豆、玉米是葡萄牙人带到中国的；辣椒、青椒、西红柿等食物的使用都是西方对传统中餐的影响。这些食物在中国的食谱中慢慢变得平常，成为各大菜系都熟练使用的食材。

其次，在食材被引入的同时，西方的食物加工方式也进而被引入中国，面包、蛋糕等烘焙食物和相关技术、肉排等食物的烹饪手段、糖果等加工甜品的相关技术更丰富了百姓的生活。

再者，中国人民的饮食方式也随着文化输入而变得多元化。随着日本料理以及各式西餐的引入，让中国人民渐渐接受刺身、寿司等食用方式，渐渐使用刀叉等西餐工具。由西方快餐衍生而来的快餐文化曾经风靡一时，快捷便利的快餐食品非常符合人们在市场经济条件下的需求。它代表了西方发达的商品经济文化中效率至上的积极因素，快餐追求速成和通俗，这是中国人民生活节奏和文化快速化、通俗化的体现①。

美式快餐能够在中国站稳脚跟并成为餐饮业的一方霸主，归根到底就是“快”。那些需要在中餐厅里用上近半小时的时间等位子等上菜的消费者，很大一部分选择了美式快餐，这种便捷的服务及快速的点餐、付款、取餐的经营策略，也影响了中国餐饮市场，开启了经营策略创新的热潮。随着互联网的发展，快餐文化更加冲击着

① 孙明璐．舌尖上的象征：当代影视饮食文化与民俗主义 [J]．教育传媒研究，2016（4）：77-79.

年轻人群的传统的饮食文化，如何让传统饮食民俗得到传承与发展，是值得我们深思的问题。

| 阅读与思考 |

传承和保护饮食民俗的思考

为保护中国传统饮食民俗，中国餐饮企业需要品牌形象和品牌经济化，已成为中国餐饮业的共识。中国饮食民俗有着悠久的历史和传统，而打造出餐饮的大品牌，就是发扬饮食民俗的有力武器！

中国餐饮业加快实施品牌战略，不仅对于提升中国餐饮业核心竞争力具有直接作用，而且对于加快我国经济结构的调整和经济增长方式的转变，提升中国餐饮企业在国际市场上的声望与地位，都具有重要的作用、价值和意义。

近年来，人们对于传统文化的热情与日俱增，大家开始关注“非遗”等内容，也更关注传统饮食民俗。“吃传统食物”的现象也体现出了一种共同的精神追求，即向往传统的民俗生活。这也表现出了对城市化、工业化一系列负面效果的抵触。因此，民俗被抹上了充满诗情画意的浪漫色彩，成为一种值得追求的美好事物。这种精神倾向被称为民俗主义。

民俗主义的出现，是大众对饮食民俗的追求、大众媒体传播和旅游业的共同作用。当代民俗的功利性和商业色彩非常浓厚，但由此也带来了对传统习俗的随意更改与粗制滥造。

但是，民俗主义的产生也是人们远离传统地方文化的乡愁，这种乡愁根本上来源于当代社会的现代化进程带来的人与传统文化的脱离与异化所带来的失落感。喜好乡野之趣者有之，旅居异乡怀念乡村生活有之，改变了语境与生产方式的人们在记忆的美化之下，心中总有一份挥之不去的乡愁。

| 课外探究 |

通过“家乡饮食民俗调查”活动，你了解到家乡有哪些饮食民俗？这些饮食民俗的现状如何？针对饮食民俗的保护，你觉得我们可以做些什么呢？

第二节
传统食礼

问题探讨

魏文帝曹丕《与群臣论被服书》中有这样一句话："三世长者知被服，五世长者知饮食。"陆游《老学庵笔记》也有记载："三世仕宦，方解着衣吃饭。"《西游记》里，孙悟空时常厌恶地痛斥猪八戒："吃，吃！你这夯货，就知道吃！"看来，懂得如何穿衣吃饭，是一个家庭、一座城市乃至一个民族文化品位的标志。家人常教育"吃有吃相"，你觉得怎样的"吃相"才算懂规矩有修养呢？

我国素有"文明古国，礼仪之邦"的美称。礼的精神、礼的原则，渗透在中国社会政治、经济、军事、文化等各个方面。"民以食为天"，中国人把"吃"看成一件与天同等地位的事情，足见饮食的重要性。人类最初始的礼仪，是从饮食礼仪开始的。饮食礼仪在众多礼仪中尤为重要。

一、食礼的内涵

食礼，顾名思义，指吃饭时的礼仪。具体是指，以食物为媒介，在饮食的过程中大家共同遵守的礼节、礼仪规范。[①] 食礼有丰富的表现形式，包括饮食礼制、饮食礼仪、饮食礼俗等，形式丰富多样，可分为显性文化层和隐性文化层。饮食礼制是指为饮食活动各个层面所制定的一系列规定、制度等；饮食礼仪即指有关饮食行为的礼仪，主要指按某些指令要求，比如按饮食礼制的要求，社会成员必须共同遵守的具体有序的饮食行为方式；饮食礼俗指的是具有稳定性、凸显地域性，被较大范围内的百姓广泛认可的有关饮食的风俗及习惯。作为"礼"的组成部分，"食礼"是人们在饮膳宴筵方面的重要社会规范与典章制度，一个人在饮食活动中的文明教养、交际准则、赴宴人和东道主的仪表、风度、神态、气质，都是"食礼"文化的生动体现。

中华饮食礼仪文化的深层内涵，可以概括为：精、美、情、礼。精，是对中华饮食礼仪文化内在品质的概括；美，体现饮食礼仪文化的审美特征，这种美是中国饮食活动形式与内容的完美统一；情，是对中华饮食礼仪文化社会心理功能的概括，饮食已经成为人与人之间情感交流的媒介；礼，是饮食活动的礼仪性。精和美侧重于饮食的形象和品质，情和礼侧重于饮食的心态、习俗和社会功能。

---

① 马建军．陕西关中回族饮食民俗文化诸类型 [J]. 西北大学学报（哲学社会科学版），2000（2）：158-162.

二、古代食礼文化的发展

礼是在社会生产和生活发展到一定阶段的产物，而食礼的出现是为了在社交饮食场合中区别不同身份地位的人，分辨尊卑。食礼最早出现在祭祀之中，后来由人与神鬼的沟通扩展出人与人的交流，以便调节日益复杂的社会关系。食礼涉及日常饮食，普遍存在于丧、宴、养老等方面，于各处有不同的具体体现。

在中国古代，在饭、菜的食用上都有严格的规定，通过饮食礼仪体现等级区别。在祭祀、婚嫁、丧事等场合都要饮酒，以不同的形式表达不同的意义，如乡饮酒礼，用以彰明长幼秩序。需要指出的是，饮食不仅讲求规格，连菜肴的摆放也有规则。古代还有一列进食规则，如“当食不叹”“共食不饱、共饭不泽手”“毋投与狗骨”等。

中国古代饮食礼仪制度的生成可追溯至周初，周公首先对其神学观念加以修正，提出“明德”“敬德”的主张，通过“制礼作乐”对皇家诸侯的礼宴做了若干具体的规定，且逐渐以具体的礼节仪文积淀成俗。到了春秋战国时代，已经有了一系列与饮食有关的礼仪，如“食不语，寝不言”“虽蔬食菜羹，必祭，必齐如也”。儒家文化历来是我国传统文化中占统治地位的正统文化，儒家食礼是儒家文化的一个重要构成，它以儒家思想为指导，同儒家文化一样，拥有悠久的历史，是中华饮食文化的杰出代表之一。将礼仪、礼义作为一种基本文化，是儒家的文化贡献。孔孟之学对食礼加以规范，补充了“仁”“义”“礼”等内涵。

明清两代是中国古代饮食文化发展的鼎盛时期，不仅在食材选用、烹饪制作等物质表现方面呈现出较高水平，还拥有系统全面的饮食理论与思想，其中尤以大量饮食类书籍的印刷出版为最，是历史上其他时期所不能比拟的。这些饮食礼仪在后来的社会实践中不断发展和完善，对调节中国古代社会秩序发挥着重要作用，且对现代社会依然产生着深远的影响，渐渐成为文明时代的行为规范的一个重要部分。作为饮食文化发展鼎盛时期的明清两代，继承和发展了系统完备的饮食礼俗体系，约束和规范着人们日常的饮食行为，其中的精华部分当今社会仍在沿用。

三、近现代饮食礼仪

礼制起于饮食，饮食融入礼制，经过世代承传，逐渐形成多样的饮食之礼。中国饮食礼仪有着几千年的历史底蕴，是中国文化的重要载体，中华文化的精髓思想与丰富内容均内蕴在中国食礼之中。随着社会发展，饮食礼仪在不断变化，下面重点论述与我们生活息息相关的宴会礼仪。

中华民族丰富多彩的饮食文化与千姿百态的宴席是分不开的，宴席是中华民族饮食文化的集中体现，中国众多的饮食礼仪都可以在宴席上得到体现。“席不正，不坐”“乡人饮酒，杖者出，斯出矣”这是宴会礼仪的最初体现，也说明了中国的宴会礼仪由来已久。

中国宴席礼仪在儒家思想的影响下，不仅加强了政治统治，而且强化了伦理规范，形成了一整套的礼仪体系，这不仅使中国传统的儒家文化发扬光大，也成为指导人们行为的礼仪和规矩的准则。所谓“礼终而宴”，正说明礼仪是各种宴会不可缺少的组成部分。因此，逐渐出现了“客食之礼、待客之礼、侍食之礼、丧食之礼、进食之礼、侑食之礼、宴饮之礼”等饮食礼仪规范，其中对宴席的等级规模、宴饮中的座次、餐具的摆放、吃饭时的各种规则和注意事项都做了详细的规定。

实践探究

宴席座次安排赛

形式：分组表演。

准备：圆桌、椅子、人物角色的标签、餐具（筷子、酒杯、红酒、饮料等）。

情景提示：四世同堂的李明一家中秋团圆去一家中餐馆吃饭（角色：爷爷、奶奶、叔叔、婶婶、爸爸、妈妈、李明、表妹、服务员甲、服务员乙）。

时间地点：中秋节，中餐馆。

活动步骤：

1. 将学生分为两组，模拟圆桌座次安排。将事先准备的圆桌、椅子放好，学生抽签选择人物角色。
2. 角色入座。两组同学互相点评座次安排是否正确。
3. 完成点菜、劝菜、夹菜、敬酒等活动。
4. 活动后反馈与评估。教师对获奖小组进行奖励，对活动过程学生的表现进行评价，同时向学生说明中国座次安排礼仪中所蕴含的“长幼尊卑”“尚左尊东”的文化内涵，还有用餐礼仪、饮酒礼仪中所体现的“群体意识”“人情关系”“爱面子”“礼貌礼让”“身份等级”“以和为贵”等文化观念，以及餐桌用语中体现的中国人“贬己尊人”和“求同”的交际礼貌准则，最后还可以讲一讲筷子等餐具的使用规则。

四、饮食礼仪中蕴含的中国文化思想

1. 群体意识鲜明

“礼”自一开始出现，就被纳入到“集体性”的文化体制中，将礼与文化建设，礼与社会秩序的建构，礼与国家管理的实现，紧密地联系在一起。尽管分餐制在中国古代历史上曾实行过一段时间，但随着社会的发展，共餐制应运而生，并且共餐制更符合中国人群体主义的民族性格。

2. 中国人的“和合”思想

中国传统文化中的“和合”文化产生于春秋时期，形成于战国时期，在之后的历史中又不断地发展改变。“和”的思想主要来源于儒家，中国人多是共餐制，人们讲究以“以和为贵”，认为圆桌象征着圆满与和谐。“合”的思想主要来源于道家，强调“天人合一”，力求人与自然和谐相处。

3. 等级观念明显

“衣食既足，礼让以兴”，礼是社会生产和社会生活发展到一定历史阶段后的产物。食礼在中国，首先是人们社会等级身份与社会秩序的认定和体现，而后才是以其为核心，或在此基础上的诸般文化形态的演绎和展示。在现代食礼中依然有明显等级观念，如座次安排要尊卑有序、敬酒要注意顺序等。

4. 人情关系浓厚

自古以来，“面子”就是构成中国人荣誉和人际关系的重要因素。林语堂先生说：“中国人的脸，不但可以洗，可以刮，并且可以丢，可以赏，可以争，可以留，有时好像争脸是人生的第一要义，甚至倾家荡产而为之，也不为过”。“面子”几乎贯穿于整个宴请的过程。从文化生态学的角度来看，中国属于农业社会，关系是中国社会独有的文化现象；从宗教思想的角度来看，传统儒家思想重群体而轻个体；从餐桌气氛上来讲，中国人喜欢更加热闹的宴席气氛；从就餐方式上来说，中国人共食制体现了中国人重联系、重人情的文化特点。

| 课外探究 |

宴席礼仪课堂调查活动

宴席礼仪，是在大型宴饮过程中所遵循的礼仪、礼貌、礼义、礼节等行为规束的综合表现。宴席是最能集中反映饮食礼仪的一种人类活动。您在宴席中是怎么做的呢？

1. 您认为在中餐宴席上，正确的坐姿应该是什么？

A. 跷起二郎腿　　B. 双脚着地，但不伸出去　　C. 随意

2. 您认为在中餐宴席上，客人应该怎么坐位置？

A. 听主人安排　　B. 自己想坐在哪里就坐在哪里　　C. 其他

3. 您认为在中餐宴席上，一般谁点菜比较合适？

A. 全部由主人点菜　　B. 全部由客人点菜

C. 主人点一两个，客人点其他的　　D. 客人点一两个，主人点其他的

4. 您认为在中餐宴席上，一般先上什么菜？

A. 凉菜和饮料　　B. 热菜

C. 主食　　D. 甜食和水果

5. 您认为在中餐宴席上，上菜后，谁先动筷子？

A. 主人　　B. 客人

6. 您认为在中餐宴席上，想要夹对面的菜，应该怎么办？

A. 起身去夹菜　　B. 等转盘转过来后再夹菜

C. 自己马上把转盘转过来夹菜

7. 您认为在中餐宴席上，点菜量一般是多少？

A. 吃完后剩下很多　　B. 吃完后剩下一半

C. 吃完后剩下一点儿　　D. 吃完不剩

8. 您认为在中餐宴席上，给别人倒白酒或者啤酒时，倒多少比较合适？

A. 倒满　　B. 倒七八成　　C. 随意

9. 您认为在中餐宴席上，喝酒的时候应由谁最先举杯敬酒？

A. 主人　　B. 客人　　C. 随意

10. 您认为在中餐宴席上，和上级领导或者长辈喝酒碰杯的时候，您的杯子应该怎么样？

A. 比对方低　　B. 比对方高　　C. 一样高

| 职业探索 |

中华礼仪师

近代以来，西学东渐，作为中华民族文化表征的礼仪文化正越来越失去民族特性，节日、仪式、庆典尤其是作为人生大礼的婚礼仪式以及现代礼仪文化教育内容都几乎全盘西化。在新的历史时期，引导人们尊重、传承和发扬中华礼仪文化，并在这些基础上构建具有时代特色的社会礼仪规范，是重塑中华礼仪之邦，建设中华民族共有精神家园和社会主义和谐社会的重要任务。

中华礼仪师是各级组织、单位、学校或社会个人开展礼仪教育、礼仪活动时，有关礼仪知识的传导者、礼仪行为的训练者和礼仪仪式的组织者、策划者和执行者。礼仪师本人需要有良好的礼仪修养和较高的中华礼仪文化知识功底，还需具备各种礼仪活动流程的组织、策划、执行能力。他们主要负责组织开展社会个体必不可缺的婚礼、殡葬礼以及近几年复兴的命名礼、开笔礼、成人礼、祭祖礼等重大生命礼仪活动，以及现代社交、商务活动中的各种仪式、庆典等。

第三节
茶文化

| 问题探讨 |

世界著名科技史家李约瑟博士，将茶叶作为中国继四大发明之后，对人类的第五个重大贡献。自唐宋以来，茶即为开门七件事之一。茶不仅仅是一种饮料，更是以茶为载体形成了博大精深的茶文化。你知道茶有哪些分类吗？饮茶除了可以解渴还有其他作用吗？对于具有悠久历史的中国传统文化的重要组成部分——茶文化你了解吗？

中国是茶的原产地，也是茶文化的发祥地。茶文化在我国悠久的民族文化长河中不断丰富和发展，成为东方传统文化的瑰宝，蕴含着深厚的审美哲学与艺术价值，包涵着几千年人类的聪明智慧、深厚情感、生活方式、行为准则和人生态度。今天，茶作为一种世界性的饮料，维系着中国人民和世界各国人民深厚的情感，推动了世界文化的不断进步。

一、茶文化的内涵

茶文化不只是冲泡和品尝那么简单，它包含的内容其实是非常丰富的，例如茶道、茶德、茶精神、茶书、茶画等。《中国茶叶大辞典》中解释，茶文化为人类在社会历史发展过程中所创造的有关茶的物质财富和精神财富的总和。中国茶文化在其形成和发展过程中，受历史、环境、民俗、宗教等方面影响，再加上对茶的自然属性认识的不断深入，茶文化中自然融汇了茶的药理特性、保健特性、营养特性等社会与自然科学的丰富知识；另外，它又受到中国传统儒家、道家、佛家思想的影响，孕育着丰富的哲学内涵。在茶文化发展过程中，茶叶的生产、制作、利用都是实现茶文化传播与发展的重要推动力。现在人们以茶为媒介交友言志、修艺养性。

茶文化包括与茶有直接关系的茶史、茶诗、茶联、茶谚、茶人、茶具、茶叶、茶馆、泡茶、品茶、悟茶等，还包括与之间接有关的琴棋书画、诗词歌赋、陶瓷工艺、插花挂画等内容。当代中国茶文化研究的主要成就表现以在以下几方面：茶道与茶艺研究、《茶经》研究、茶史研究，以及茶馆、茶具、茶文学与艺术、茶俗、茶与儒释道等方面的研究。

| 阅读与思考 |

在古代的众多文人雅士中，以茶为诗、以茶为书、以茶为画向来屡见不鲜，以至我国优秀的文化作品中，有关于茶的诗、书、画，比比皆是。茶叶在中国历史上不仅有“柴米油盐酱醋茶”的烟火气，更有着“琴棋书画诗酒茶”的精神内蕴，与人们的日常生活和精神生活有着紧密联系，有的地方对茶叶的喜爱甚至达到了“宁可三日无盐，不可一日无茶”的程度。

临安春雨初霁

［宋］ 陆游

世味年来薄似纱，谁令骑马客京华？
小楼一夜听春雨，深巷明朝卖杏花。
矮纸斜行闲作草，晴窗细乳戏分茶。
素衣莫起风尘叹，犹及清明可到家。

山泉煎茶有怀

［唐］ 白居易

坐酌泠泠水，看煎瑟瑟尘。
无由持一碗，寄与爱茶人。

思考：这两首诗中，诗人对茶分别寄予了什么样的情感呢？

二、中国茶文化的起源与发展

欧阳修《集古录跋尾》：“茶之见前史，盖自魏晋以来有之。”陆羽《茶经》中记载：“茶之为饮，发乎神农氏，闻于鲁周公”。可见茶文化随着中国传统文化的发展而发展，其萌芽于魏晋南北朝时期，形成于唐而兴盛于宋，在明清时期得到全面普及。

1. 萌芽期：秦汉、三国、魏晋南北朝时期

在秦汉至魏晋南北朝时期，茶的市场已经扩展到了长江南北，受众从僧人、文人、道家、皇室覆盖到普通百姓，成为人们日常的饮用品，并占据主导地位。茶经历了由秦汉之际的食用和药用的相互并存，发展到汉代的药用与饮料并存及相结合的形式。

《食论》中有“苦茶久食，益意思”的说法，秦汉时期成书的《神农本草经》记载：“神农尝百草，日遇七十二毒，得荼而解之”，这些都描述了茶的医学价值。西汉文人王褒的《僮约》中说：“晨起洒扫，食了洗涤。……烹荼尽具，已而盖藏。……武阳买茶……”。西汉时期饮茶活动在巴蜀一带普遍出现，而且出现了买卖茶的市场。在茶由药用转为日常饮品的发展过程中，经历了以茶当菜，以茶作羹的过渡时期。《晏子春秋》记载：“晏子相景公，食脱粟之食，炙三弋、五卵、茗菜而已”，这是赞扬

晏子虽然官至宰相，仍和平民一样吃用茶叶做的菜，即“粗茶淡饭”，这说明该地区至少在齐景公之前就已经有“茶菜”。

到了魏晋南北朝时期，中国的政权更迭频繁，由于人口迁徙，南方许多蛮荒之地被开垦，在民族融合的过程中，饮茶的习俗从巴蜀一带逐渐向长江流域和两广等地推进。在这一时期，茶广泛地进入寻常百姓家，成为待客之道，烹茶器具与用水也开始讲究，茶文化开始酝酿了。茶开始与道教、儒家思想发生联系，作为精神文化现象开始萌芽。茗茶清香、淡雅、质朴、飘逸的气质与一些达官贵人、文人雅士的人生志趣不谋而合。

2. 形成及兴盛时期：唐宋时期

唐朝是茶和茶文化发展的重要时期。茶在唐代成为“比屋之饮”，上至王公贵族，下至平民百姓，饮茶风气都很普遍。唐代佛教盛行，寺庙饮茶的习俗也促进我国“茶禅一味”的茶文化宗教信仰的传播，同时，茶的药用功能已经广为医家所知并存入医药书籍流传普及。唐代饮茶之风还通过经济、文化的交流在朝鲜、日本等国传播。茶在国民经济中的地位日益凸显，贡茶、税茶、以茶销边、茶马互市等都是唐时确立的，茶税成为仅次于盐税、铁税的重要财政收入来源。总之，茶在唐代的经济、政治、文化、生活中都发挥着重要作用，唐代茶文化呈现出欣欣向荣之势。从唐代的“茶诗”中能够看到很多当时饮茶的习俗、使用的器具以及冲泡方式等等，这些都是中国茶艺的起源。公元 780 年，茶圣陆羽的《茶经》问世，是古代茶文化发展的一个重要里程碑，标志着我国茶文化在唐代中期的正式确立。陆羽不仅仅将茶看成是满足解渴之需，更阐释了饮茶人应具备的茶德。

茶兴于唐而盛于宋，在茶叶的栽培范围上，宋朝比唐朝的面积增加了两到三倍，出现了官营茶园和专业茶园，商业活动频繁，促成了城镇发展，茶肆、茶坊在大城市、小城镇比比皆是。茶文化的演变也开始丰富，除了宫廷茶文化和文人茶文化，“斗茶”“茗论”等茶活动在民间纷纷活跃起来，茶已融入老百姓的生活，成为礼节、社交手段的组成。同时，煮茶也开始向泡茶方式演变。

3. 曲折发展期：元明清时期

元代散茶成为主品流行于民间，团茶主要在皇室宫廷。到明朝中期，茶艺由繁变简，同时茶文化精神与时人心态契合。到了明清两朝，茶叶由上层社会开始走向寻常百姓家。明晚清初，在清雅文士的推动下，“功夫茶”形成和茶馆的兴起是这一时期茶文化发展的最大成就。

19 世纪以前，中国是世界上唯一的茶叶出口国，茶叶分别从海路和陆路销往欧美、中东、俄罗斯等地。由于贸易的不平衡，英帝国主义在 19 世纪上半叶对中国发动了两次鸦片战争，迫使中国沦为半殖民地的悲惨境地，这一时期传统的茶道、茶艺呈日渐衰微之势。

4. 当代茶文化发展

改革开放后，茶文化的发展迎来了新的契机。在当代社会大背景下，茶文化以承古纳今的态势发展，除以茶养性、以茶会友、以茶代酒等诸多社会功能外，还发展了游名山、观名寺、饮名茶三位一体的特色旅游项目，茶艺表演事业蓬勃发展，茶商会、茶艺馆数量限制显著增多。纵观历史，茶文化作为中华文化的重要组成部分，对中华文化的发展壮大起到了重要的推动作用。

三、中国茶文化瑰宝——茶艺

中国茶文化源远流长，茶艺是茶文化中的一朵奇葩，是中华传统文化的重要组成部分。茶艺，是泡茶与饮茶的技艺，是一种特殊的生活艺术，它包括选茶、备器、择水、侯汤、习茶的程式和技艺等，通过各种茶叶冲泡技艺的形象演示，科学地、生活化地、艺术地展示泡饮过程，使人们在精心营造的优雅氛围中，得到美的享受和情操的熏陶。中国是礼仪之邦，“客来奉茶，以茶会友”是我们的优良传统。当亲戚朋友来家做客，你是不是也想亲手为他们沏一杯好茶呢？下面就让我们认识沏茶的一般程序，了解茶艺，体验泡茶、品茶的快乐。

| 职业体验 |

茶艺表演

活动用具：

玻璃提壶 1 把、玻璃杯 3 个、玻璃杯托 3 个、茶叶罐 1 个、赏茶荷 1 个、茶匙 1 把、茶巾 1 张、茶盘 1 个等。

活动过程：

1. 名茶赏析：抽取 6 种茶叶，独立辨认其种类、名字，交流茶叶特点。把六大基本茶类以实物的形式摆到同学们的面前，让同学们看一看、闻一闻、品一品。

2. 介绍茶叶的“三投法”：上投法、中投法和下投法。

上投法：先往杯中注水七分满，再将茶叶投放在杯中。适合于全是芽头或满身披毫、易下沉的茶叶，如碧螺春、信阳毛尖等。

中投法：先往杯中注入 1/3 左右的水，让茶叶充分吸收水的温度和湿度，并快速的舒展开来，再将约 80℃的开水徐徐加入杯的七分满处。适合条索紧实的茶，嫩度是一芽一叶或者是一芽两叶的绿茶，如西湖龙井、六安瓜片、绿阳春等。

下投法：是先投茶，后注水三分，再注水至七分满。适合茶形较松，嫩度稍低及全芽形的不易下沉绿茶，如竹叶青、雀舌、黄山毛峰、安吉白茶、翠茗、滇绿、香茶、三杯香、山峡云雾、白毛猴、海南水仙等。

3. 泡茶演示（以龙井为例）

绿茶茶艺基本步骤：点香、洗杯、凉汤、投茶、润茶、冲水、泡茶、奉茶、赏茶、闻茶、品茶、谢茶等。

4. 注意事项

（1）备具、备水、备茶（根据顺序布具），冲泡绿茶宜用无色透明的玻璃杯，以便欣赏茶叶在水中的优美姿态。

（2）着装整洁大方得体。

（3）冲泡高档绿茶，以水温 80~85℃左右为宜。

（4）高档绿茶一般冲泡三次，其中第二泡茶香最浓，滋味最佳。

（5）收具顺序，最后放的先收，依次收入托盘中归位。

（6）冲泡茶过程中斟茶、烫壶时的回转动作。若右手提水壶时，需向逆时针方向回转；若用左手提壶，需向顺时针方向回转，它的寓意是欢迎顾客来观赏。

（7）茶壶放置时，壶嘴不要对准品饮者，否则，有要顾客离去之嫌。

思考：你喜欢茶艺吗？茶艺表演通过结合表演要素来展示泡茶与品饮的过程，你觉得一个好的茶艺表演作品需要注意哪些要素呢？

课外探究

茶服是伴随着茶叶产业和茶文化的发展衍生出来的，是体现茶文化的重要物质载体。它最早产生在汉朝，作为当时相关人员进行茶艺活动时所穿的专业服装。请你尝试结合传统茶文化元素和现代流行文化元素设计一款兼具文化性、时尚性和实用性的茶服，充分彰显出茶文化的美学价值。（提示图案、纹饰、色彩搭配）

职业探索

茶艺师

茶艺师是茶叶行业中具有茶叶专业知识和茶艺表演、服务、管理技能等综合素质的专职技术人员。随着经济的发展和大众生活水平的提高，人们更重视健康与保健，作为绿色饮品的茶和修身养性的茶文化也被越来越多的人接受和喜爱，而茶艺师便是茶文化的传播者、茶叶流通的“加速器”。

茶艺师的工作内容主要包括：鉴别茶叶的品质；根据茶叶的品质，选择合适的水质、水量、水温和冲泡器具，进行茶水艺术冲泡；选配茶点；向顾客介绍茗茶、名泉，以及饮茶知识、茶叶保管方法等；按不同茶艺要求，选择或配置相应的音乐、服装、插花、熏香等环境。

第四节
家乡饮食文化的传承

问题探讨

中国饮食文化经历了几千年的发展与沉淀，在中国传统饮食结构、饮食礼仪、饮食制作、饮食审美观等方面均形成了自己独特的饮食特色，成为中国传统文化的重要组成部分。在当前文化遗产保护热潮兴起的背景下，我们应该如何传承与发扬优秀传统饮食文化呢？

我国幅员辽阔、地大物博，各地气候、物产、风俗习惯都存在着差异。长期以来，在饮食上也就形成了许多特点，它们蕴含着中华民族特有的精神价值、思维方式和想象力，是中国传统文化的精髓之一。在现代社会高速发展的背景下，人们更多追求效率，不知不觉忽视了一日三餐的饮食背后蕴藏的文化内涵。还有部分人群的膳食仅追求口腹之欲和生理快感，食用野生动物，造成传统饮食文化中蕴含的天人和谐的哲理与传统伦理道德渐渐丧失，忘却了对自然的尊重，对人伦的尊重。

在生活中我们应当怎样传承中华优秀饮食文化呢？文化是抽象的，需要我们细细去品味与思考，而文化的传承基于了解，基于热爱。那么你是否了解你家乡的饮食文化呢？让我们一同去探寻我们生活的美丽城市——重庆的饮食文化吧！

一、探寻重庆的饮食文化

重庆简称“巴”或“渝”，别称山城、桥都、雾都，具有三千多年的悠久历史，以重庆为中心的古巴渝地区是巴渝文化的发祥地。巴渝文化个性鲜明，博大精深，源远流长。在巴渝文化中其饮食文化的形成与巴渝地区独特的自然和社会环境密切相关。重庆位于四川盆地东部，地形以山地丘陵为主，大部分地区属于亚热带气候，降水量较多，空气中湿度较大，为了适应这种潮湿环境，人们的饮食往往受主观愿望的驱动，在饮食中增添了富含辛辣味的调料品，以此来抵御大自然中的不利因素，达到耐寒驱湿的作用，故重庆地区的饮食口味普遍较重。饮食口味除麻辣味以外，还有鱼香味、怪味、酸辣味等多种口味。据资料记载，重庆早在唐宋时期就有“重糖高油、肥甜软糯、香酥松脆”的饮食特色。众所周知，西南地区人民的饮食习惯重“辣”的口味，而重庆与湖南、贵州等地的饮食习惯不同的地方便在于烹饪中擅用花椒作为调料，这便形成了重庆饮食“麻”的特色。发展至今，重庆的饮食口味可用“麻、辣、烫、鲜、香”来概括。

在重庆的饮食风俗中，待客方式很豪爽，信奉“居家不得不俭，待客不得不丰”。重庆人继承了巴人朴实、豪放的性格特征，即使不富裕也特别舍得开销。重庆人喜欢大碗肉、大锅煮，讲究痛快。这些特点在一些地方菜肴中也有体现。如：重庆永川松溉的“朱沱九大碗”便是用大碗装大肉块；磁器口古镇的“毛血旺”，用类似于盆的器皿装菜，配有血旺、蔬菜、肉片等多种食材，搭配讲究。

此外，由于重庆在地理位置上处于水路交通要道，各地的饮食习俗得以在此汇合，丰富了重庆的饮食文化。例如重庆饮食文化中，面食品种非常丰富，有凉面、燃面、麻辣小面等，这便是受到了北方人好面食的饮食习惯的影响；重庆饮食还对汤菜很有讲究，这在西南地区实属少见，也是受到了广东人喜食汤菜的影响。

二、探寻重庆特色美食

1. 重庆火锅

2016年，重庆文化符号课题组确定了重庆十大文化符号，名列榜首的便是重庆火锅。重庆火锅又称毛肚火锅或麻辣火锅，起源于重庆嘉陵江畔、朝天门等码头船工纤夫的粗放餐饮方式。他们以木船为家，一口铁锅、几副碗筷就是全部炊具，因此烹煮食物流行“连锅闹”，即把各种吃的一锅煮，然后围而食之。重庆火锅的独特风味形成于民国年间，火红于抗战期间。在这一锅热腾腾的汤料里，几乎包含了中国人喜欢的各种味道，可谓百味俱全。无论是贩夫走卒、达官显宦、文人骚客、商贾农工，还是红男绿女、黄发垂髫都喜欢它。这种饮食习惯发展到后来，越来越讲究，花样不断翻新，层出不穷，入锅的不仅有鸡翅鸭蹼，甚至有山珍海味。吃火锅也不仅限于天寒雾重的季节，就是在三伏天的酷暑中，食客们也围坐在熊熊的火炉旁，一边挥汗如雨，一边酒酣耳热。重庆人吃火锅的豪放和气吞山河之势正是巴渝饮食文化的体现，是古巴渝人民豪放性格和饮食文化的表现。

在重庆，火锅是一种饮食，是一种生活方式，是一种习惯，是一种无法割舍的情感，是一道难以描述的风景，是渗到骨子里的城市味道，更是一种文化现象。

2. 渝派川菜

川菜发源于古代巴国和蜀国，川菜饮食文化是巴蜀文化的重要组成部分。川菜作为我国八大菜系之一，在我国烹饪史上占有重要地位，它取材广泛，调味多变，菜式多样，口味清鲜醇浓并重，以善用麻辣著称，并以其别具一格的烹调方法和浓郁的地方风味，融汇了东南西北各方的特点，博采众家之长，善于吸收，善于创新，享誉中外。

渝派川菜又称渝菜，是川东重庆地区饮食的统称，是川菜三大主流区域菜系之一（川菜从地方风味的代表流派看，习惯上分为以成都和乐山菜为主的上河帮、以重庆和达州菜为主的下河帮、以自贡和内江为主的小河帮）。渝派川菜主要由大众家常菜、重庆江湖菜、肆市酒楼菜等构成。大多起源于市民家庭厨房或路边小店，并逐渐在市民中流传。重庆菜肴近年来在全国范围内大受欢迎，不少的川菜馆主要菜品均为渝派川菜，其代表作有酸菜鱼、毛血旺、口水鸡等。有干菜炖烧系列；有水煮肉片和水煮鱼为代表的水煮系列；有辣子鸡、辣子田螺和辣子肥肠为代表的辣子系列；有泉水鸡、烧鸡公、芋儿鸡和啤酒鸭为代表的干烧系列；有泡椒鸡杂、泡椒鱿鱼和泡椒兔为代表的泡椒系列；有干锅排骨和香辣虾为代表的干锅系列等[①]。

3. 重庆小吃

重庆小吃不仅是美味吃食，更反映了重庆本地的物产食材、地域气候、生活习俗等，它渐渐地融入本地饮食文化中，成为历史物化和文化传承的载体。据统计，早在1991年重庆就有66种名特小吃和36种风味小吃[②]。近年来，重庆的食品发展迅猛，品种繁多，如重庆小面、陈凉粉、豆腐脑、磁器口陈麻花、麻圆、山城小汤圆、鸡丝凉面、红糖糍粑、冰粉凉虾、玫瑰醪糟冰汤圆，还有加工食品如涪陵榨菜、忠州豆腐乳、永川松花蛋、永川豆豉、梅林午餐肉、江津米花糖、江津芝麻杆、怪味胡豆、重庆啤酒、牛肉干等。重庆地方特色小吃，作为传承，已经成为巴渝地方饮食文化的代表符号。

三、饮食文化传承活动

在了解家乡的饮食文化之后，如何传承与发扬家乡的饮食文化呢？你是否思考过，我们可以为饮食文化的传承做些什么呢？

实践探究

拍摄家乡饮食文化短视频

纪录片《舌尖上的中国》无疑是饮食文化传播与传承最成功、最典型的案例，它以轻松快捷的叙述节奏、精巧细腻的画面，向观众展示了中国传统饮食的精致、悦目，展示了中国饮食文化的生命力。

你的家乡有哪些有特色的饮食文化？你能否找出一个载体，以短视频的方式对其承载的饮食文化进行展示呢？请尝试拍摄传承家乡饮食文化的短视频，并通过自媒体平台分享推广。

饮食文化的传承需要通过各种形式不断扩大其影响力，使其成为传播中国优秀文化的载体，并尽最大努力向公众推广，让公众都爱上家乡的饮食文化。同时，还可以饮食文化为主导，以旅游业为助力，打造经济发展新动力，进一步挖掘商机，带动我国文化、旅游业共同发展，形成一条内涵丰富、基础雄厚的产业链条，使其进一步成为经济发展的助力器。

---

① 赵建民. 中国饮食文化 [M]. 北京：中国轻工业出版社 ,2012: 230.

② 吴艾生，郭永彬. 巴渝饮食文化与重庆经济发展 [G]. 重庆市地方史研究会会议论文集 [C]. 1999.

我们是文化的传承者，但终究会变成一个过客，所以我们必须加强饮食文化的保护，不断发展与创新。饮食文化的精髓不会因为时代的变迁而改变，我们要相信自己的饮食文化，要积极推广创新的饮食文化，让饮食文化的精髓以不同表现方式相互竞争，相互发展。

课外探究

对于饮食文化的保护与传承，我们还可以开展哪些活动呢？例如制作家乡传统美味食物，制作传统饮食器具，给家乡的饮食文化做文创设计……请自行思考，列出自己的想法并在班级分享。

后 记

食育是培育拥有健康体魄、良好饮食习惯、正确价值观念的未来社会中坚力量的重要途径。目前，欧美日等国家食育已深入民众生活，成为国民教育体系的一部分。近年来，我国也逐步重视食育，如在《中国食物与营养发展纲要（2014-2020年）》中指出，“将食物与营养知识纳入中小学课纲，引导学生养成科学的饮食习惯”；在《“健康中国2030”规划纲要》中提出，“把健康教育作为所有教育阶段素质教育的重要内容，以中小学为重点，建立学校健康教育推进机制”；从2015年开始，将每年5月的第三个星期定为“全民营养周”，加强营养健康教育等。但整体上，目前学校的食育大多融合在生物、品德与社会等学科教学中，未形成单独的学科教育体系，缺乏专门的指导课程，导致同学们对饮食健康知识的了解较少。

我校从2016年开始探索食育，开设了《舌尖上的科学》选修课程，该课程是重庆市高中精品选修课、北碚区精品选修课，是“生命·生活·生涯”高中生物课程创新基地重要物化成果，是重庆市首个中学里的食品安全快速检测室的生涯体验配套课程。在选修课的基础上，我们撰写了校本教材《食育与健康生活》。教材以食育为核心目标，以日常生活中的“吃”为主线，串联饮食中的科学知识，让学习生活化、趣味化；同时从同学们的真实生活和自我发展需求出发，设置了丰富多样的探究实践等活动，以提升健康素养、实践技能与综合能力；此外，教材以认知能力、合作能力、创新能力、职业能力4大关键能力为核心能力目标，注重同学们关键能力的培养与提升，以此助力于生涯发展。

《食育与健康生活》教材内容分为食品加工、食品营养、食品安全、饮食文化4章。每一节通过“问题与探讨”介绍生活中与食物相关的现象，引出章节内容。正文在介绍理论知识时，融入职业体验、探究实践等活动，将理论应用于实践中，增强教材的趣味性与实践性，并提升同学们的实践能力、探究能力与职业技能。同时，为适应新高考改革需求，章节中专门设有“职业探索”版块，重点介绍与食品科学相关的职业、专业或行业新闻，以拓宽同学们的职业视野。

《食育与健康生活》既可以作为学生的读本，亦可作为健康生活类选修课的参考教材。它从生活视角带领我们了解饮食背后的科学知识，引导青少年养成健康的生活习惯，提升健康素养。希望该书能为中小学食育教育的有效开展贡献绵薄之力。

最后，教材编写得以顺利完成需要感谢学校提供的平台与资源，感谢全体编写组老师孜孜不倦的付出，感谢重庆市教科院吕涛老师、北碚区教师进修学校谭兴云老师的悉心指导，感谢为教材编写提供意见与建议的所有朋友们！